아는 만큼 보이는
사무라이 시대극

이정남 지음

인사말

 2022년 4월, 다소 난해한 제목의 일본사 관련 첫 저서 '사무라이의 넥타이'를 출간한 지 어느덧 3년이 지났습니다. 매년 한 권씩 책을 내겠다는 야심 찬 목표를 세웠지만, 독립출판이라는 형식으로 실제 책을 세상에 내놓고 보니 예상치 못한 여러 문제들이 드러났고, 두려움이라는 벽 앞에서 한동안 멈춰설 수밖에 없었습니다. 그 벽을 하나하나 넘다 보니 어느새 시간이 훌쩍 흘러버렸습니다.

 삶을 살아가며 안타깝게 느끼는 것 중 하나는, 직접 부딪쳐 작은 실패라도 겪어보지 않으면 문제의 본질이 보이지 않는다는 점입니다. "미리 알 수 있다면 얼마나 좋을까" 싶은 생각이 들다가도, 그 또한 평범한 사람이 인생을 배우는 당연한 과정이라 여기며 스스로를 위로해 봅니다.

"아는 만큼 보인다"는 말이 있습니다. 해외여행을 가서 문화재를 보며 '멋지다', '웅장하다', '예쁘다'라는 감상에 그치지 않고, 더 깊이 있는 지적 만족을 얻기 위해서는 그 대상에 대한 충분한 배경 지식이 필요합니다. 특정 시대를 다룬 역사 사극을 감상할 때도 마찬가지입니다.

일본 역사를 오랫동안 다뤄온 콘텐츠 크리에이터의 시선으로 시대극 드라마나 영화를 바라보면, 단순해 보이는 이야기 속에도 당시의 사회 구조, 문화적 관습, 계급 간 긴장감 등 섬세한 역사적 맥락이 정교하게 녹아 있는 경우가 많다는 것을 알 수 있습니다. 이러한 맥락은 처음에는 잘 드러나지 않지만, 시대에 대한 이해가 깊어질수록 장면 하나하나의 의미가 새롭게 다가옵니다.

사무라이 영화라 하면 흔히 화려한 전투 장면이나 영웅적인 인물을 떠올리기 마련이지만, 진정한 묘미는 그 이면에 숨어 있는 인물 간의 긴장감, 시대 배경의 반영, 그리고 상징적인 장치에 있습니다. 겉으로는 조용하고 단순해 보이는 장면일지라도, 역사적 지식을 바탕으로 바라보면 전혀 다른 깊이의 감상이 가능해집니다. 오래된 작품일지라도 다시금 새롭게 즐길 수 있는 여지가 충분합니다.

야마가타현 츠루오카시 출신의 소설가 후지사와 슈헤이는, 자신의 고향을 무대로 에도 시대의 가상 번(藩)인 우나사카번(海坂藩)을 설정하고, 하급 사무라이의 소소한 일상을 잔잔하면서도 드라마틱하게 풀어낸 수많은 작품을 남겼습니다.

그의 소설들은 자주 영화화되었고, 일본 영화계의 거장 야마다 요지 감독은 후지사와 슈헤이의 원작을 바탕으로 '황혼의 사무라이', '숨겨진 검 오니노츠메', '무사의 체통'이라는 '시대극 3부작'을 완성했습니다. 이 작품들은 국내에서도 OTT나 유튜브 등을 통해 비교적 널리 알려져 있습니다.

이 영화들의 공통된 특징은, 사무라이 영화에서 흔히 기대되는 화려한 검술 장면이나 영웅적 캐릭터의 활약보다는, 우나사카 번 소속 하급 사무라이의 고단한 일상 속에서 펼쳐지는 짧지만 인상 깊은 갈등과 선택의 순간들에 초점을 맞추고 있다는 점입니다. 배경지식이 없어도 무리 없이 감상할 수 있지만, 에도 시대 후기의 문화 코드를 이해하고 보면 영화는 한층 더 깊이 있고 흥미롭게 다가옵니다.

취미로 시작한 일본사 공부가 어느새 30년을 넘었고, 유튜브 채널 사무라이 로망스를 개설한 지도 벌써 7년이 되었습니다. 책 속 일본사의 장면들을 현지에서 직접 발로 뛰며 카메라에 담기 시작한 지도 3년이 가까워졌습니다. 이번 책은 그 오랜 시간 축적된 일본사 지식을 '대중성'이라는 키워드로 어떻게 풀어낼 수 있을지를 끊임없이 고민한 끝에 나온 결과물입니다.

이를 위해 본문에서는 지명과 인명을 제외하고 일본어 표현과 한자 사용을 최대한 자제했습니다. 역사 용어 또한 가능한 한 쉬운 우리말로 풀어 설명하였으며, 보다 깊이 있는 정보를 원하는 독자들을 위해 각주를 통해 정확한 용어와 관련 배경 지식을 함께 제공하고자 했습니다. 아울러 주제에 따라, 그 흐름이 오늘날 일본 사회에 어떻게 이어지고 있는지도 함께 다루었습니다. 누구나 부담 없이 읽을 수 있으면서도, 더 깊이 있는 탐구를 원하는 이들에게는 길잡이가 될 수 있도록 구성하였습니다.

책의 특성상 영화 장면에 대한 시각적 자료가 필요했지만, 저작권 해석의 모호함 탓에 수년간 망설일 수밖에 없었습니다. 그러던 중 AI 기술의 급속한 발전을 통해 영화 장면을 재해석한 일러스트를 쉽게 제작할 수 있게 되었고, 운문 등 글 다듬기에도 AI를 적극 활용하면서 제작비 또한 줄일 수 있었습니다.

비록 20여 년 전의 영화들이지만, 이 책을 통해 야마다 요지 감독의 '시대극 3부작'을 또 다른 시선에서 감상할 수 있는 계기가 되기를 바랍니다.

마지막으로, 3년의 연애와 22년의 결혼 생활 동안 한결같은 지지와 믿음으로 곁을 지켜준 인생의 동반자 우지현 씨, 그리고 언제나 사랑과 힘이 되어주는 딸 예슬과 아들 윤규에게 깊은 감사를 전합니다. 또한 퇴사 이후 새로운 길을 모색하던 저에게 엔지니어로서 활동을 이어갈 소중한 기회를 주신 관계자 여러분, 그리고 제 서적의 상업적 가능성에 작은 희망의 빛을 비춰주시며 응원해주신 유튜브 채널 '사무라이 로망스'의 구독자 여러분께도 진심으로 감사드립니다.

2025년 6월 9일. 이정남

목 차

Episode. 1
영화 장면 속에 숨겨진 기호란 무엇인가?
기호학의 의미와 미디어 속 기호 ··································· 14

Episode. 2
영화 속 배경 무대에 숨겨진 기호
에도 시대와 우나사카번의 역사적 배경 ··································· 22
선정과 협치의 상징, 쇼나이번 ··································· 29
도쿠가와 막부를 위해 끝까지 항전한 영화 속 우나사카번의 시대상 ··································· 36

Episode. 3
가난한 사무라이의 급여 수준에 대한 고찰
에도 시대 급여 제도, 석고제 완전 정복! ··································· 46
시대극 3부작에 등장하는 가난한 주인공의 급여 수준 분석 ··································· 55
에도 시대 사무라이는 진짜로 가난했는가? ··································· 62

Episode. 4
가난한 사무라이의 지저분한 헤어스타일
주인공 헤어스타일이 암시하는 기호 요소 ··································· 68
에도 시대 사무라이의 이발소 ··································· 72
시대극 3부작 주인공 헤어스타일의 의미 ··································· 76

Episode. 5
'황혼의 사무라이'와 아르바이트
에도 시대, 생산자와 소비자 ·········· 84
검술 대신 부업에 종사하는 사무라이 ·········· 88

Episode. 6
시대극 3부작의 하인들, 그들은 왜 칼을 차고 있는가?
칼을 찬다는 것, 사무라이만의 특권인가? ·········· 94
나오타와 토쿠베는 칼을 찰 수 있었는가? ·········· 98
장례식 속에 등장하는 칼의 의미는? ·········· 100

Episode. 7
사무라이는 마음대로 사람을 베어 죽일 수 있었는가?
사무라이의 칼은 아무 때나 뽑을 수 없었다 ·········· 106
시대극 3부작, 사무라이의 특권은 없었다 ·········· 110
대나무로 만들어진 칼이 있었다 ·········· 113

Episode. 8
시대극 3부작의 백미, 명예를 건 사무라이의 대결
막부의 허가를 받은 사무라이의 정식 복수 ·········· 120
아키츠키번 출신 사무라이 우스이 로쿠로의 복수극 ·········· 124
시대극 3부작 영화 속 결전 - 상관의 명령에 의한 처단 - ·········· 128
시대극 3부작 영화 속 결전 - 정식 결투 - ·········· 132

Episode. 9
장례식 장면에서 볼 수 있는 원기둥 통의 정체는?
에도 시대 일본의 장례 문화와 영화 속 장례 풍경 ·········· 142
무로마치 시대를 거쳐 에도 시대에 뿌리 내린 토장 문화 ·········· 144
고령화 사회 일본의 또 다른 고민, 길어진 화장 대기 시간 ·········· 149

Episode. 10
제식훈련 장면에 등장하는 대포는 실존했는가?
강무소 안에서 실시된 서양식 야포 사격술 교육 ······ 154
사근산포 발사 장면의 디테일한 고증과 촬영 당시의 에피소드 ······ 160

Episode. 11
제식훈련 행진 중, 사무라이가 실소한 이유는?
걷는 방법의 문화 충돌 '난바 걷기'란 무엇인가? ······ 166
'난바 걷기'의 전통 기술을 적극적으로 활용한 운동 선수들 ······ 173

Episode. 12
낚시 장면에 숨겨진 문화 코드 - 쇼나이번의 낚시 문화 -
쇼나이번 사무라이에게 낚시는 전투 훈련이었다 ······ 180

Episode. 13
식사 장면에 숨겨진 기호 - 쇼나이번의 향토 요리-
쇼나이번의 계절 풍물시, 대구탕 ······ 190
쇼나이번의 전투식량, 말린 대구 ······ 195
쇼나이번의 향토 요리, 물토란 줄기 조림 ······ 197

Episode. 14
사무라이를 처음 봤다는 소녀, 사실일까?
에도 시대 하인들의 근무 형태 ······ 202
키에의 여동생이 사무라이를 보고 당황할 수밖에 없었던 이유 ······ 205

Episode. 15
쇼나이번 교육의 중심, 번교 치도관과 '황혼의 사무라이'
쇼나이번 번교 치도관과 유교 사상 ······ 212
'쇼나이 논어'와 '황혼의 사무라이' ······ 217

Episode. 16
사무라이의 결혼과 이혼, 누구의 허락이 필요했을까?
막부 또는 번의 허가가 필요했던 에도 시대 사무라이의 혼인 ······ 224
다른 신분 계층의 결혼은 불가능했는가? ······ 229
이혼한 전처가 재혼한 후처를 습격했던 에도 시대 초기까지의 관행 ······ 232

Episode. 17
사무라이 품 속의 종이, 무엇에 쓰는 물건인가?
일본인의 일상에 깃든 '회지'의 쓰임 ······ 240
에도 시대 종이 대중화의 비밀, 자원 재활용 ······ 243

Episode. 18
영화에 등장하는 작은 소품들도 지나치지 말자!
칼집에 꽂혀 있는 작은 단검 ······ 254
거꾸로 세워진 병풍의 의미 ······ 259

Episode. 1

영화 장면 속에 숨겨진 기호란 무엇인가?

· 기호학의 의미와 미디어 속 기호

Episode. 1

영화 장면 속에 숨겨진 기호란 무엇인가?

기호학의 의미와 미디어 속 기호

우리는 드라마나 영화를 보며 자연스럽게 그 이야기 속에 몰입하고, 줄거리의 전개를 이해하게 됩니다. 즉, 영상 속에서 펼쳐지는 여러 장면은 감독의 의도가 담긴 일련의 샷 shot 들로 구성되어 있습니다. 예를 들어, 반쯤 풀어진 넥타이와 단추가 풀어진 와이셔츠를 입고, 코끝이 빨갛게 상기된 채 비틀거리며 혼잣말을 중얼거리는 남자가 길을 걷는 장면을 상상해 보십시오. 이 장면을 본 사람들은 국적과 인종에 관계없이 대부분 이 남자가 술에 취했다고 생각할 것입니다. 비록 그가 술에 취했다는 설명이나 자막이 없더라도, 이 장면은 보편적인 '술 취한 사람'이라는 기호로 자연스럽게 해석됩니다. 이처럼 영상이 의미를 갖는 기호로 작용하려면 다음 세 가지 전제가 필요합니다.[1]

영상은 특정 의도를 가진 사람에 의해 제작된다.
영상은 특정한 의미를 담고 있다.
영상의 의미는 영상이 제작된 사회의 문화와 깊은 연관이 있다.

영화감독은 작품을 통해 자신의 세계관을 표현하며, 이를 위해 영화의 각 장면은 특정한 의미를 내포해야 합니다. 또한, 영화의 배경이 되는 사회의 문화를 이해하지 못한다면, 장면 속에 담긴 제작자의 의도, 즉 기호 sign 는 관객에게 제대로 전달되기 어렵습니다.

예를 들어, 한류 드라마에서 한복을 입은 어린아이가 어른에게 절을 하고 함께 떡국을 먹는 장면이 나온다고 가정해

---

[1] 영상커뮤니케이션과 기호학, 주형일

봅시다. 한국인이라면 이 장면을 보고 자연스럽게 설날을 떠올리겠지만, 한국 문화에 익숙하지 않은 외국인은 이 장면의 함축적 의미를 이해하지 못할 수 있습니다. 그들에게는 그저 전통 복장을 한 어린아이가 어른에게 인사를 하고 함께 식사하는 장면으로 보일 뿐일 것입니다. 떡국이라는 전통 음식이 등장하는 짧은 장면은 겨울이라는 계절과 음력 1월 1일이라는 구체적인 정보를 담고 있습니다. 하지만 이는 한국인이나 한국 문화에 익숙한 외국인만이 쉽게 이해할 수 있는 영상 기호입니다.

이처럼 특정한 기호 sign 와 그 기호가 의미하는 바 signification 에 대해 연구하는 학문을 기호학 Semiotics 이라고 합니다. 기호학은 문학, 광고, 영화나 드라마 같은 영상 미디어에서 폭넓게 활용되며, 우리는 의도적이든 비의도적이든 영상 속 기호를 매우 자연스럽게 인지하게 됩니다. 특히 대중적인 광고 같은 영상물은 더욱 직관적이고 유행을 반영한 기호 요소들로 구성되어 있습니다.

한국인이 일본의 시대극 드라마나 영화를 볼 때에도 장면마다 시대적 배경과 감독의 의도가 담긴 다양한 기호를 접하게 됩니다. 그러나 앞서 언급한 떡국의 예와 마찬가지로, 일본인이 아닌 이상 영화 속 기호의 의미를 정확히 파악하기는 쉽지 않습니다. 심지어 일본인이라 할지라도 자국 역사에 대한 지식이 부족하다면, 외국인과 마찬가지로 영상 속 기호를 제대로 해석할 수 없을 것입니다.

일본 영화계의 거장 쿠로사와 아키라[2] 감독의 시대극 작품인 '7인의 사무라이', '요진보', '카게무샤', '란' 등은 국내에서도 큰 인기를 끌었습니다. 이러한 일본 시대극 영화들은 대체로 화려하고 박진감 넘치는 전투 장면이 특징으로, 영화 속 기호를 이해하지 못하더라도 액션과 줄거리 전개에 충실한 영화로서 충분히 즐길 수 있습니다. 하지만 영상 속 기호의 의미를 충분히 이해한다면, 그 즐거움은 한층 더 배가될 것입니다.

제가 후지사와 슈헤이[3]의 원작을 바탕으로 한 야마다 요지[4] 감독의 시대극 작품을 기호 분석의 대상으로 선정한 이

---
2 黒澤明(1910~1998), 제2차 세계대전 후 일본을 대표하는 영화감독, 각본가, 영화 프로듀서.
3 藤沢周平(1927~1997), 일본의 소설가. 야마가타현 츠루오카시(山形県 鶴岡市) 출신으로, 에도 시대를 무대로 서민과 하급 사무라이의 애환을 그린 역사소설 작품을 다수 남겼음.
4 山田洋二(1931~), 일본의 영화감독, 각본가, 연출가. 오사카부 토요나카시(大阪府 豊中市) 출신.

유는, 이들의 작품에는 흔히 기대되는 대규모 사무라이 전투 장면이 드물기 때문입니다. 역설적으로, 이는 보통의 외국인 관객이 일본 시대극 영화에서 기대하는 핵심 요소가 부족하다는 것을 의미합니다. 그러나 그만큼 드라마적 요소가 충실하게 반영된 수작이 많기 때문에, 야마다 요지 감독의 시대극 작품은 국내에서도 상당한 인기를 끌 수 있었습니다.

야마다 요지 감독의 시대극 3부작으로 불리는 '황혼의 사무라이'[5], '숨겨진 검 오니노츠메'[6], '무사의 체통'[7]은 일본 에도 시대[8]를 배경으로, 감독과 제작진이 공들여 담아낸 기호 요소들이 풍부하게 깃든 작품들입니다.

이 책은 영화의 스토리 전개를 상세히 다루기보다는, 영상 속 기호 요소의 역사적 배경을 설명하기 위해 필요한 만큼 이야기의 맥락을 간략히 언급할 것입니다. 이를 통해 개봉된 지 20년이 넘은 일본 시대극 영화의 걸작이 지닌 숨겨진 매력을 깊이 있게 탐구하려 합니다.

---

5 たそがれ清兵衛(타소가레·세에베), 2002년 개봉.
6 隠し剣、鬼の爪(카쿠시·켄·오니·노·츠메), 2004년 개봉.
7 武士の一分(부시·노·이치분), 2006년 개봉.
8 江戸時代(에도·지다이), 1603~1868.

야마다 요지 감독의 시대극 3부작. 새로운 시각으로 그 진가를 음미할 준비가 되셨나요?

Episode. 2

영화 속 배경 무대에 숨겨진 기호

· 에도 시대와 우나사카번의 역사적 배경
· 선정과 협치의 상징, 쇼나이번
· 도쿠가와 막부를 위해 끝까지 항전한 영화 속 우나사카번의 시대상

Episode. 2

영화 속 배경 무대에 숨겨진 기호

에도 시대와 우나사카번의 역사적 배경

한반도는 일찍부터 통일 왕조가 자리 잡아 중앙집권적인 정치 체제를 유지해온 반면, 일본 열도는 1868년 메이지 시대가 시작되기 전까지 1,000년이 넘는 기간 동안 지방분권적인 체제를 지속해왔습니다. 16세기 후반, 약 100년간 이어진 일본의 내전을 종식시킨 인물이 바로 도요토미 히데요시[1]입니다. 그는 임진왜란을 일으킨 장본인으로, 우리에게

---
1 豊臣秀吉(1537~1598). 전국 시대 일본의 무장. 오다 노부나가의 뒤를 이어 일본을 통일, 근세 봉건사회의 기초를 확립.

는 풍신수길이라는 이름으로 더 유명합니다. 히데요시는 일본의 최고 권력자가 되었지만, 빈농 출신이라는 점에서 전통 있는 무가 가문의 후손들과 달리 충성스러운 가신 기반이 취약할 수밖에 없었습니다. 결국, 도요토미 가문은 히데요시 사후 오래가지 못했고, 도쿠가와 이에야스[2]에 의해 멸망하고 맙니다.

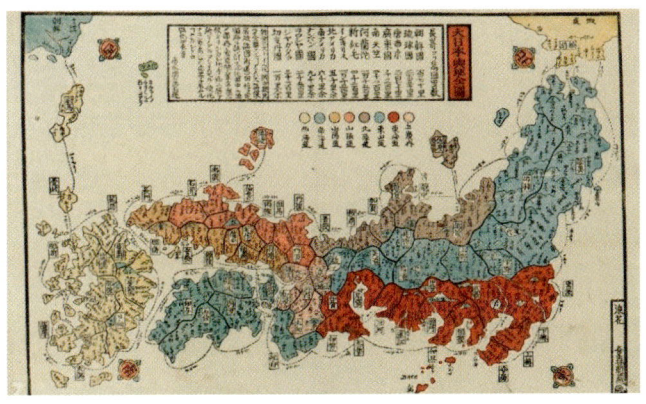

일본의 지방 영지 세력을 표기한 지도.
대일본여지전도(大日本輿地全図, 1847), 도쿄국립박물관 소장.

도쿠가와 이에야스는 현재의 도쿄에 해당하는 에도에 새로운 무가 정권을 세우고 일본을 통치하기 시작했습니다. 일본 각지의 다이묘 세력은 도쿠가와 막부에 충성을 맹세하는 대가로 자신의 영지 지배권을 보장받았습니다. 에도 시대

---
2 德川家康(1543~1616), 전국 시대 무장,
   도쿠가와 막부 초대 쇼군(将軍).

후기에는 약 270여 개의 다이묘[3] 세력이 존재하며 독립성을 유지했습니다. 이들은 막부의 통제를 받으면서도 독립된 영지와 영민의 지배권을 가지며, 사법 체계와 군사력을 보유한 작은 자치 단위로 기능했습니다.

근대 국가의 3요소인 주권, 영토, 국민이 다이묘 통치 영역에 모두 포함되었기에, 에도 시대의 일본에는 약 270개의 독립된 국가가 존재했다고도 볼 수 있습니다. 다만, 이들은 막부의 명령에 따라 영지가 이동되기도 했고, 일본 전역에 적용되는 막부의 일부 법령을 준수해야 했다는 점에서 현대 국가 개념과는 차이가 있습니다.

이러한 독립 국가는 마에다 前田, 시마즈 島津, 모리 毛利와 같은 다이묘 가문이나 그들이 지배한 지역명으로 불렸습니다. 에도 시대 후기와 메이지 시대를 거치면서 '번'[4]이라는 학술 용어가 등장해 이러한 지역을 본격적으로 지칭하기 시작했습니다.

---

3 大名. 일본 중세에서 근세에 이르는 기간 동안 영지를 소유하고 있던 영주. 에도 시대가 시작된 이후에는 1만 석 규모(1년 간 쌀 1만 석에 달하는 경제적 가치를 생산) 이상의 영주를 다이묘로 구분.
4 藩(한).

예컨대, 마에다 가문은 카가번 加賀藩, 시마즈 가문은 사츠마번 薩摩藩, 모리 가문은 쵸슈번 長州藩 이라는 명칭으로 정리되었습니다. 또한, 번에 고용된 사무라이를 의미하는 '번사'[5]나 번을 통치한 영주를 뜻하는 '번주'[6]라는 용어 역시 당시에는 사용되지 않았습니다.

이러한 근세 일본의 지배 체제를 언급하는 이유는 시대극 3부작의 무대가 되는 가상의 공간, 우나사카번 海坂藩 을 이해하기 위함입니다. 시대극 3부작뿐만 아니라 후지사와 슈헤이의 역사소설 대부분은 우나사카번이라는 가상의 번을 배경으로 하고 있습니다.

시조 잡지, '우나사카'의 표지.

우나사카라는 이름은 시즈오카현 静岡県 에서 발행되는 일본 시조 잡지[7]에서 따온 것으로 알려져 있는데요. 폐결핵으로 오랜 요양 생활을 했던 후지사와 슈헤이는 요양 중 틈틈이 시조 잡지, '우나사

---

5 藩士(한시).
6 藩主(한슈).
7 俳句(하이쿠). 일본의 전통 정형시.

카 海坂'에 시조를 투고했습니다. 그는 '바다 海 의 언덕 坂'이라는 이름에서 유토피아적 매력을 느끼고, 자신의 고향인 야마가타현 츠루오카시 일대를 투영해 역사소설의 무대로 삼았습니다.

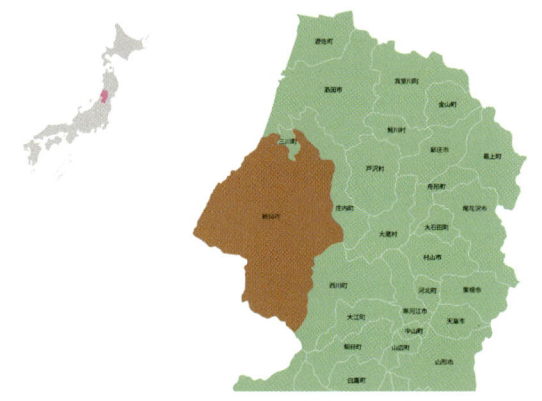

야마가타현 츠루오카시 위치. [출처] Adobe Stock.

야마가타현 츠루오카시 山形県 鶴岡市 일대는 에도 시대 당시 쇼나이번[8]이라 불리던 지역입니다. 일본 동북 지방에 위치한 쇼나이번은 넓은 쇼나이 평야에서 양질의 쌀을 생산했고, 해상 무역으로 부를 축적한 거상들의 활동 무대이기도 했습니다. 쇼나이번 번주를 역임한 사카이 酒井 가문은 도쿠가와 이에야스가 지방 영주의 아들로서 인질 생활을 하던 시

---

8 庄内藩(쇼나이·한). 일본 동북 지방의 야마가타현 츠루오카시 일대를 본거지로 사카이(酒井) 가문이 통치했던 번. 영지 규모는 약 17만 석(石).

절부터 그와 함께한 창업 공신이었습니다. 막부 말기 일본에서는 보신전쟁이라는 내전이 발발했고, 많은 번들이 신정부군에 가담하며 도쿠가와 막부에 등을 돌렸지만, 쇼나이번은 끝까지 도쿠가와 편에 서서 항전했습니다. 이로 인해 쇼나이번은 '충절의 지역'이라는 이미지를 얻게 되었습니다.

쇼나이 평야. 야마가타현 쇼나이마치(山形県 庄内町).

후지사와 슈헤이는 고향인 쇼나이번에 관한 사료 연구에 힘썼으며, 이러한 과정을 통해 가상의 영지인 우나사카번을 창조했습니다. 우나사카번은 쇼나이번의 역사와 문화, 언어와 음식, 자연경관까지 승계한 형태로 그의 소설에 등장하고 있습니다. 1983년 4월 25일, 야마가타 방송[9] 주최로 그

---

9   山形放送(야마가타·호오소오). 야마가타현에 처음 세워진 민영방송국. 라디오 방송국은 1953년, 텔레비전 방송국은 1960년 개국.

의 자택에서 진행된 인터뷰에서 아나운서 이시카와 마키코[10]는 그의 소설 속에 영웅 이야기가 없는 이유를 물었습니다. 이에 후지사와 슈헤이는 담배를 깊게 한 모금 들이마시고 이렇게 대답했습니다.

"누구든 그 사람만의 개성과 드라마가 있습니다. 유명인이 아닌 평범한 사람의 이야기를 추구하는 것은, 눈에 띄는 인물을 추앙하는 데 별로 관심이 없는 쇼나이 지역 사람들의 특징에서 온 것이 아닐까 생각합니다. 쇼나이 사람들은 약삭빠르지 못합니다. 자기선전에도 서툴지요. 하지만 안되는 것을 자책하지 말고 잘하는 것을 하면 됩니다. 쇼나이 지역의 모습은 오래전 그대로지만, 독자적인 문화가 풍부한 이 지역을 많은 사람들이 부러워하게 될 날이 올 것입니다."

후지사와 슈헤이는 우나사카번의 실체에 대해 공식적으로 언급한 적은 없지만, 그의 소설 속에 숨겨진 다양한 단서를 통해 우나사카번이 쇼나이번을 모티브로 했다는 것은 널리 받아들여지고 있습니다.

17만 석 규모의 영지를 소유했던 중급 규모의 쇼나이번은 쇼나이 평야에서 생산된 쌀을 유통하는 거점 지역으로,

---

10 石川牧子(1949~). 일본의 여성 아나운서.

여러 유력 상인들이 막대한 부를 축적한 곳입니다. 후지사와 슈헤이의 초기 작품에 등장하는 우나사카번은 7만 석 규모로 설정되어 모티브가 된 쇼나이번의 절반에도 미치지 못하는 경제력으로 묘사되었지만, 이후 작품에서는 12만 석, 14만 석 규모로 확대되면서 쇼나이번과 비슷한 규모의 번으로 그려지고 있습니다.

선정과 협치의 상징, 쇼나이번

지금까지 시대극 3부작의 무대가 되는 가상의 도시, 우나사카번이 어떻게 탄생했는지를 살펴보았습니다. 이번 장에서는 우나사카번의 모티브가 된 쇼나이번의 실제 역사적 특징을 정리하고, 19세기 중반 우나사카번을 둘러싼 상황을 추측해 보며, 시대극 3부작의 이야기가 어떤 큰 틀에서 전개되고 있는지 알아보겠습니다.

쇼나이번은 쌀 유통과 금융업으로 막대한 부를 쌓은 거상들이 활동하던 지역입니다. 그중에서도 가장 유명한 가문은 혼마 本間 가문입니다. 한국에서는 골프 용품 브랜드 Honma로 더 유명하죠. 이 브랜드는 에도 시대의 거상, 혼마의 지류 가문이 설립했지만, 현재는 중국 자본에 인수되어 중국 기업으로 운영되고 있습니다.

혼마 가문은 현재 야마가타현 사카타시 山形県 酒田市 일대를 기반으로 활동한 상인 가문이었습니다. 전국 시대 당시 혼마 가문은 우에스기 켄신[11]의 유력 가신이었지만, 켄신 사후 세력이 약화되면서 에도 시대에는 사무라이 신분을 버리고 상인으로 변신했습니다. 그러나 과거에 통치했던 토지의 지배권을 유지하며 일본 최대의 지주로 성장한 혼마 가문은 농업뿐 아니라 금융업, 해운업, 신전 개발 등으로 사업 영역을 확장해 가며 엄청난 부를 축적했습니다.

에도 시대 후반, 대부분의 번이 참근교대[12] 제도 등의 영향으로 재정 적자에 시달렸습니다. 쇼나이번도 예외는 아니었지만, 혼마 가문 같은 거상이 번의 재정을 뒷받침했습니

---

11 上杉謙信(1530~1578), 전국 시대 무장. '에치고(越後)의 용'으로도 불림.
12 参勤交代(산킨·코오타이), 에도 시대 당시, 다이묘가 격년으로 에도와 본국을 오가며 근무하도록 막부가 정한 제도. 이 제도로 인해 다이묘는 대규모 인원의 이동 경비뿐만 아니라 에도와 본국 양쪽에서 발생하는 체류 비용까지 부담해야 했음. 이러한 비용이 번 재정 적자의 주요 원인으로 작용하며 에도 시대 사무라이의 궁핍한 생활은 가속화 함.

다. 혼마 가문은 번주가 금전적 위기에 빠질 때마다 쇼나이번에 1~2만 냥[13]의 거액을 빌려주어 번의 재정을 지탱했습니다. 이러한 공로 덕분에, 1765년 혼마 미츠오카[14]는 상인의 신분임에도 번주를 알현할 수 있었고, 1767년에는 쇼나이번 재정 개혁을 주도하며 사무라이 신분 士分 으로 승격되었습니다.

에도 시대 후기, 일본은 최악의 대기근으로 알려진 '텐포 대기근'[15]을 겪었습니다. 일본 동북 지방은 특히 큰 피해를 입었지만, 쇼나이번은 혼마 가문을 중심으로 민관 협력을 통해 아사자 없이 대재앙을 극복했습니다. 이로 인해 쇼나이번 번주인 사카이 가문과 백성들 간의 신뢰가 더욱 두터워졌습니다.

1840년, 막부는 사카이 가문에게 인근 나가오카번 長岡藩 으로 영지를 이전하라는 명령[16]을 내렸습니다. 나가오카번은 7만 4천 석 규모로, 쇼나이번의 절반도 되지 않는 작

---

13 에도 시대 소바 값 기준으로 1냥을 약 13만 엔으로 환산하면, 1만 냥은 약 130억 원, 2만 냥은 약 260억 원에 해당.
14 本間光丘(1733~1801). 사카타 혼마 가문의 3대 당주.
15 天保の大飢饉(텐포·노·다이·키킨), 1835~1839. 일본 3대 대기근 중 하나.
16 三方領地替え(산포오·료오치·가에), 1840년.

은 영지였습니다. 이 소식에 혼마 가문과 쇼나이번 백성들은 "비록 백성이라도 두 명의 주군을 섬길 수 없다"는 명분을 내세워 강력히 반발했습니다. 이는 사무라이의 유교적 덕목과 일맥상통하는 주장으로, 번주 가문과의 신뢰를 지키려는 의지를 보여줍니다.

하지만, 이러한 저항의 이면에는 혼마 가문과 상인들의 실리적 우려도 있었습니다. 만약 번주 가문이 떠나면, 그동안 쇼나이번이 빌린 막대한 자금을 대신해 혼마 가문이 발행한 채권[17]이 휴지조각이 될 위험이 있었고, 새로운 번주가 오면서 재산 몰수와 같은 처벌[18]이 이어질 가능성도 있었기 때문입니다.

새로운 번주가 부임할 경우, 과거 오사카에서 사치 생활을 이유로 막대한 재산을 몰수당하고 추방된 요도야[19]의 전철을 밟지 말라는 법도 없었기 때문입니다. 이러한 불안감은 혼마 가문과 상인들이 적극적으로 반대 운동을 펼치게 된 중요한 요인이 되었을 가능성이 큽니다.

---

17 藩札(한·사츠).
18 闕所(켓쇼).
19 淀屋. 1705년, 5대 '요도야 코오토오(淀屋廣當)'가 사치를 했다는 이유로 막부로부터 엄청난 규모의 재산 몰수 처분을 받고 오사카를 대표했던 거상 '요도야'는 공중 분해됨.

구(旧) 혼마 가문 저택. 야마가타현 사카타시 소재.

혼마 가문과 쇼나이번 마을 대표들은 막부의 영지 이전 명령에 반대하는 봉기를 일으켰습니다. 소작농 중에서 뜻있는 사람을 선발해 항소장을 작성하고, 이들을 에도로 보내는 무모한 시도까지 감행했습니다. 이 행동은 막부의 분노를 살 수 있는 위험한 일이었지만, 결국 항소장이 막부 고위층에 전달되었고, 막부는 "쇼나이번 백성의 충의에 감동했다"며 영지 이전 결정을 철회하는 이례적인 결정을 내렸습니다. 이에 항소에 참여했던 백성들은 처벌받지 않았고, 쇼나이번 역시 이들의 죄를 묻지 않았습니다. 거상 혼마 가문의 자금력이 배후에서 작용했을 가능성도 부정하기는 어려워 보입니다.

혼마 가문은 대기근 당시 비축미를 방출해 백성을 구제하고, 재정 부족에 시달리던 번주 가문을 위해 거액을 기부하거나 대출했으며, 보신전쟁 이후 쇼나이번의 배상금 지급도 도맡았습니다. 그러나 태평양 전쟁 이후 미군정에 의해 혼마 가문의 토지는 헐값에 매각되었고, 여타 상인 가문과는 다르게 혼마 가문은 대기업으로 성장하지는 못했습니다. 한편 쇼나이번 번주 가문의 후손인 사카이 타다요리[20] 씨는 야마가타현 츠루오카시에 본사를 둔 '주식회사 쇼나이번 株式会社 庄内藩'을 운영하며 지역 특산품 판매 및 유통 사업을 이어가고 있습니다.

보신전쟁[21] 당시, 쇼나이번은 구막부 편에 서서 끝까지 도쿠가와에 충성을 다하며 약 4,500명의 병력을 동원했습니다. 그중 2,000명 이상이 농민이나 서민[22] 출신이었는데, 이는 당시로서는 매우 이례적인 일로, 쇼나이번 지배층과 백성들 간의 깊은 신뢰를 보여줍니다.

---

20 酒井忠順(1974~). 쇼나이번 번주 사카이 가문의 19대 당주.
21 戊辰戦争(보신·센소오). 1868년에서 1869년에 걸쳐 신정부군과 구막부군 사이에 발발한 일본의 내전. 이 전쟁에서 신정부군이 승리하면서 메이지 시대가 시작됨.
22 町人(쵸오닌).

이제 시대극 3부작 배경인 우나사카번의 특징이 더욱 명확해졌습니다. 다음 장에서는 막부 말기, 우나사카번이 처한 시대적 상황에 대해 살펴보겠습니다.

▶ 동영상으로 보고싶어요.

 도쿠가와 4천왕, 사카이 타다츠구의 도시, 쇼나이번.

쇼나이번 힘의 원천은 해상 물류 장악이었다.

 모든 것을 돈으로 해결한 쇼나이번의 혼마 가문.

혼마 가문이 소장한 콜렉션, 혼마 미술관.

도쿠가와 막부를 위해 끝까지 항전한
영화 속 우나사카번의 시대상

막부 말기, 서양 세력의 통상 요구를 비롯한 외세의 압력에 맞서 존왕양이 사상[23]을 신봉하는 세력들이 교토를 중심으로 활동하기 시작했습니다. 이들은 외세를 침략자로 규정하며 이를 무력으로 몰아내려는 강경한 태도를 보였고, 반대파를 암살하는 등 폭력적 행동을 서슴지 않았습니다. 그 결과, 막부 말기 교토는 법과 질서가 무너진 무법지대로 전락하고 말았습니다.

도쿠가와 막부는 교토의 치안을 회복하기 위해 아이즈번[24]을 주축으로 한 교토 치안 경비대[25]를 창설했습니다. 이미 교토에는 도쿠가와 막부의 치안 기관[26]이 존재했지만, 제 기능을 발휘하지 못하는 상태였기에 추가적인 조직 설립이 필요했습니다. 아이즈번을 중심으로 새롭게 창설된 경비대에 낭인 검객으로 구성된 신선조 新選組 가 합류하며 교토의 질서를 유지하려는 활동이 본격화되었습니다.

---

23 尊王攘夷思想(손노·죠오이·시소오). 텐노를 중심으로 한 정치체제를 신봉하고 외세를 배척하는 사상.
24 会津藩, 23만 석. 지금의 후쿠시마현 아이즈 와카마츠시(福島県 会津若松市) 일대.
25 見回り組(미마와리·구미).
26 京都所司代(교토·쇼시다이).

그렇다면 막부의 중심지였던 에도 현재의 도쿄 는 어떠했을까요? 비록 교토만큼은 아니었으나, 에도 역시 반막부 세력의 활동이 두드러지고 있었습니다. 이를 해결하기 위해 막부는 에도 치안을 전담할 별도의 조직을 신설했으며, 이 중책을 쇼나이번이 맡게 되었습니다. 에도의 서민들은 치안 유지 활동을 위해 파견된 쇼나이번 사무라이를 오마와리상[27]이라는 애칭으로 불렀습니다. 흥미롭게도, 이 오마와리상이라는 표현은 현대 일본어에서 '경찰'을 뜻하는 단어인데요. 그 유래가 바로 에도 치안을 담당하던 쇼나이번 사무라이였던 것입니다.

쇼나이번의 젊은 사무라이였던 사카이 겐바[28]는 오마와리상의 일원으로서 에도의 치안 유지에 헌신하며 두각을 나타냈습니다. 그러나 당시 일본의 정세는 이미 사츠마번과 쵸슈번을 중심으로 한 막부 타도 세력의 손에 기울고 있었습니다. 1868년, 보신전쟁이 발발하자 신정부군은 구막부군을 물리치고 에도를 점령하는 데 성공했습니다.

27　お巡りさん.
28　酒井玄蕃(1843~1876). 쇼나이번 번사(藩士).

그러나 쇼나이번을 포함한 동북 지방의 주요 번들은 여전히 구막부군의 편에 서 있었고, 이에 신정부군은 이들을 굴복시키기 위해 병력을 북상시켰습니다. 이에 대응하여 동북 지방의 주요 번들은 동맹[29]을 결성해 신정부군에 대항하기 시작했습니다. 쇼나이번은 아이즈번과도 동맹을 맺고, 4개 대대를 조직해 전투를 준비했습니다.

사카이 겐바는 에도에서 치안 업무 수행을 통해 쌓은 지휘 능력을 인정받아 스물여섯의 나이에 쇼나이번 2번 대대의 대대장으로 임명되었습니다. 약 900명의 병력을 이끌며 신정부군과 교전한 그는 뛰어난 전략과 용맹으로 연전연승을 거두었습니다. 그의 부대는 '파군성 깃발'[30]을 군기로 사용하며 신정부군에게 두려움의 대상으로 떠올랐고, 사카이 겐바는 '귀신 겐바'[31]라는 별칭을 얻으며 쇼나이번을 대표하는 인물로 자리 잡았습니다.

쇼나이번의 군사적 성공에는 사카이 겐바의 지휘력뿐 아니라 최신 무기의 역할도 컸습니다. 전쟁에 앞서 혼마 가

---

29 奧羽越列藩同盟(오·우·에츠·렛판·도오메이). 1868년, 동북 지방의 번이 중심이 되어 결성한 '반 신정부군' 군사동맹.
30 破軍星旗(하·군·세이·키).
31 鬼玄蕃(오니·겐바).

문은 3만 4천 냥이라는 거액을 들여 네덜란드에서 최신 소총과 탄약을 구매하며 쇼나이번의 전력 강화에 기여했습니다. 이와 같은 준비 덕분에 쇼나이번은 신정부군과의 초기 전투에서 뛰어난 전과를 올릴 수 있었습니다.

영화 '숨겨진 검 오니노츠메'에는 서양식 군사 훈련에 서투른 우나사카번 사무라이들의 모습이 등장합니다. 이 장면은 보신전쟁 직전의 혼란스러운 일본을 배경으로 하고 있으며, 훈련 중인 우나사카번 군대가 사용하는 깃발이 바로 사카이 겐바가 지휘했던 쇼나이번 2번 대대의 '파군성 깃발'임을 암시합니다. 이를 통해 야마다 요지 감독은 우나사카번이 쇼나이번을 모티브로 했음을 자연스럽게 드러냅니다.

사카이 겐바의 파군성 깃발(좌측)과
'숨겨진 검 오니노츠메'의 훈련 장면 속 파군성 깃발(우측).

영화 속에서 파군성 깃발을 단순히 북두칠성을 그린 것으로 생각하고 넘어갈 수 있지만, 이러한 맥락을 이해하면 영화의 기호 요소에 담긴 의미를 더욱 깊게 음미할 수 있습니다.

사카이 겐바는 전쟁 중에도 인간적인 면모를 잃지 않았습니다. 그는 피아를 가리지 않고 전사자를 매장하며 공양했고, 포로를 처형하지 않고 석방하는 자비로운 모습도 보였습니다. 특히 12세 소년 포로의 포승줄을 직접 풀어주고 고향으로 돌아갈 여비까지 챙겨 보냈다는 일화는 유명합니다. 이 이야기는 41대 일본 내각 총리대신을 지낸 코이소 쿠니아키[32]의 자서전을 통해 증명되었는데요. 사카이 겐바의 호의로 풀려난 소년병이 바로 코이소 쿠니아키의 숙부였습니다.

사카이 겐바가 이끄는 쇼나이번 병력은 신출귀몰한 활약을 펼쳤으나, 동맹을 맺었던 동북 지방의 여러 번이 신정부군에게 연패하며 대부분 항복하자, 쇼나이번도 더 이상 저항을 이어갈 수 없었습니다. 아이즈번마저 항복하면서, 사카이 겐바의 반대에도 쇼나이번은 신정부군에 항복을 결정했

---

32 小磯國昭(1880~1950), 일본육군 군인, 정치가.

습니다. 전후 처리 과정에서 쇼나이번은 의외로 경미한 처분을 받았는데요. 이는 쇼나이번의 용맹을 경외했던 신정부 지도자, 사이고 타카모리[33]와 같은 인물들의 영향으로 해석됩니다.

메이지 시대가 시작된 후, 사카이 겐바는 청나라로 파견되어 정보 수집 임무를 수행하는 등 새로운 시대의 요구에 부응하는 인재로 활동했으나, 폐결핵이 악화되면서 35세의 젊은 나이로 생을 마감했습니다.

지금으로부터 약 150년 전, 신정부군의 공격에 대항해 농성전을 펼치던 아이즈번이 쇼나이번에 원군을 요청했으나, 쇼나이번은 당시 영지 방어로 인해 응하지 못했습니다. 그러나 2017년 9월, 아이즈 와카마츠시에서 열린 축제[34]에서 특별한 장면이 연출되었는데요. '동북 지방 번 동맹 결성 150주년'을 기념하는 행사에서, 파군성 깃발을 앞세운 야마가타현 山形県 참가자들의 행렬이 아이즈번의 행진에 합류한 것입니다. 이 행렬은 150년 전에 응하지 못했던 원병 요청에 뒤늦게나마 화답하는 의미로, 사카이 겐바의 후손인 사

33　西郷隆盛(1828~1877). 막부 말기에서 메이지 초기까지 활약한 일본의 정치가이자 군인. 사츠마번 하급 사무라이 출신.
34　会津まつり(아이즈·마츠리).

카이 준 씨가 대열을 직접 이끌며 감동적인 장면을 연출하게 됩니다.

번주와 백성 간의 신뢰가 남다르던 쇼나이번은, 도쿠가와 시대의 종말에 이르러서도 도쿠가와 가문의 오랜 가신으로서 끝까지 충성을 다했습니다. 이러한 역사적 배경을 알고 시대극 3부작 속 우나사카번을 바라본다면, 영화 속 시대상과 상징을 더욱 깊이 이해할 수 있을 것입니다.

Episode. 3

가난한 사무라이의
급여 수준에 대한 고찰

· 에도 시대 급여 제도, 석고제 완전 정복!
· 시대극 3부작에 등장하는 가난한 주인공의 급여 수준 분석
· 에도 시대 사무라이는 진짜로 가난했는가?

Episode. 3
가난한 사무라이의 급여 수준에 대한 고찰

에도 시대 급여 제도, 석고제 완전 정복!

에도 시대에 접어들면서 화폐 경제가 본격적으로 발달하기 전까지 일본에서는 우리나라와 마찬가지로 쌀이 화폐의 역할을 대신했습니다. 에도 시대 당시, 일본 전역에 산재한 수많은 다이묘 가문은 자신에게 할당된 토지 지배권을 인정받는 대가로 도쿠가와 막부에 충성을 맹세하며 주종 관계를 형성했습니다.

이 시기 일본의 봉건 사회를 지탱하던 핵심 제도는 쌀 생산량을 기준으로 한 석고제[1]였습니다. 당시 쌀 1석은 약 150kg으로, 성인 한 명이 1년 동안 소비할 수 있는 양으로 여겨졌습니다. 하지만 에도 시대 중기 이후 하루 세 끼 식사가 보편화되면서 쌀 소비량이 증가해, 성인 남성 기준 하루 약 750g[2]의 쌀을 소비했다고 합니다. 2022년 일본인의 하루 쌀 소비량 1인당 약 139g 과 비교하면, 에도 시대 소비량은 무려 다섯 배에 달하는 수치입니다.

에도 시대 일본인들은 된장국과 야채 절임 등 간단한 반찬보다 훨씬 많은 양의 밥을 섭취했습니다. 반찬 문화가 발달한 우리나라와 달리 현대 일식에서 반찬이 거의 제공되지 않는 이유도 이러한 역사적 배경에서 기인합니다.

에도 시대에는 영지 규모가 1만 석 이상인 가문만 다이묘로 인정받았습니다. 다이묘라 하면 웅장한 성을 거점으로 영지를 경영하며 영주가 세금을 걷는 모습을 떠올리기 쉽지만, 에도 시대 다이묘 중 약 40%는 성을 소유하지 못했습니다. 이들은 보통 1만 석에서 3만 석 규모의 작은 번을 통치

---

1 石高制(고쿠다카·세이).
2 성인 남성 기준, 1일 5합(合)의 쌀이 소비됨. 농촌의 경우 6합(合)까지 소비되는 경우도 있었음. 1합(合)은 150g.

하며 성 대신 중급 규모의 저택[3]에 거주했습니다.

막부는 성의 신축이나 증축을 엄격히 규제했으며, 허가가 나더라도 성을 건축하거나 유지하는 데 막대한 비용이 소요되었습니다. 결과적으로, 소규모 번에서는 성의 유지비를 감당할 수 없어 성 건축을 포기할 수밖에 없었습니다.

'1만 석 영지'는 엄밀히 말해 쌀 1만 석에 해당하는 경제적 가치를 의미하며, 실제 쌀 생산량과 일치하지 않을 때도 많았습니다. 예를 들어, 산악 지형이 많은 아키타번 秋田藩 은 뛰어난 품질의 삼나무로 유명했는데, 삼나무 한 그루가 쌀 5석에 해당하는 가치로 평가되었습니다. 만약 연간 500그루를 벌목할 수 있다면 삼나무 생산만으로도 2,500석의 석고가 인정되었다는 이야기입니다.

해양 자원이 풍부한 키슈번 紀州藩 은 말린 정어리를 대량 생산해 쌀로 교환하며 석고를 인정받았습니다. 사카모토 료마[4] 출신지로 유명한 토사번 土佐藩 역시 가다랑어와 고등어 판매량을 석고에 포함시켰습니다. 하지만 석고의 대부분

---

3 陣屋(진야).
4 坂本龍馬(1836~1867). 토사번 출신 하급 사무라이, 사업가.

은 여전히 쌀 생산량에 기반했으며, 쌀 이외의 자원은 전체 석고의 일부에 불과했을 것으로 추정됩니다.

석고는 단순히 경제적 지표에 그치지 않고, 다이묘의 정치적 위상과도 밀접하게 연결되었습니다. 예를 들어, 당시 아이누족이 지배했던 홋카이도 北海道 와의 무역을 독점한 마츠마에번 松前藩 은 쌀 생산량이 거의 없었음에도 3만 석급 번으로 인정받았고, 조선과의 교역을 독점한 쓰시마번 対馬藩 역시 쌀을 생산할 수 없었음에도 10만 석급 지위를 부여받았습니다. 이는 다이묘의 석고 규모가 정치적, 외교적 공로에 따라 조정되었음을 보여줍니다.

다이묘가 쇼군을 알현하기 위해 에도성에 등성할 때, 석고 규모에 따라 대기실과 좌석의 등급이 결정되었습니다. 이 때문에 일본 전역의 다이묘들은 군역의 부담이 늘어남에도, 막부로부터 더 높은 석고를 인정받기 위해 외교적 노력을 아끼지 않았습니다.

다시 1만 석 다이묘 이야기로 돌아가 보겠습니다. 일반적으로 세율이 40%였기 때문에 농민들이 6천 석을 가져가고, 나머지 4천 석이 다이묘의 몫으로 돌아갔습니다. 이 중 토목 공사, 참근교대 여비, 에도 체류비 등을 제외하면 약 2천 석이 남게 되며, 이 금액으로 가신들을 고용해 급여를 지급했습니다.

만약 제가 1만 석의 다이묘라면, 남은 2천 석으로 아래와 같은 가신단을 구성할 수 있을 것입니다.

- *200 석 기마무사[5]   : 4명, 총 800 석*
- *100 석 하급무사   : 3명, 총 300 석*
- *30석 하급무사   : 30명, 총 900 석*

* 총 가신 수 및 석고 합계 : 37명, 2,000 석

이번에는 100석의 급여를 받는 사무라이의 지출 내역을 살펴보겠습니다. 지역마다 차이는 있었지만, 일반적으로 100석 이하의 급여를 받는 사무라이는 하급 사무라이로 분류되었습니다. 다이묘와 마찬가지로 하급 사무라이에게도 40%의 세율이 적용되었습니다. 이에 따라 100석 중 60석은

---

5 보통 2백 석 이상의 급여를 받는 사무라이에게는 군역에 말 한 필이 포함되어 있었음.

농민 몫으로 돌아가고, 나머지 40석이 하급 사무라이의 몫이었습니다. 하지만 이 40석은 쌀겨 등이 포함된 현미 상태로 지급되었기 때문에, 백미로 도정하면 약 35석 정도로 줄어들었습니다.

100석을 받는 사무라이에게는 군역 수행의 의무가 따랐으며, 전쟁 시에는 짚신을 관리하는 하인[6]과 창을 드는 하인[7] 각 한 명을 반드시 대동하도록 규정된 경우가 많았습니다. 두 사람을 모두 고용하기 어려운 상황이라 해도, 창을 드는 하인[8]만큼은 반드시 동행시켜야 했습니다. 평소에는 집안일과 부엌일을 맡길 남녀 하인[9]을 각각 한 명씩 두는 것이 일반적인 관례였습니다.

하인들에게 숙식을 제공하는 것이 기본이었기에, 자식이 없다고 가정하더라도 부부와 하인 4명을 포함해 총 6명이 1년 동안 소비할 쌀이 필요했습니다.

---

6 草履取り(조오리·토리). 주인의 짚신을 챙기는 하인.
7 槍持ち(야리·모치). 주인의 창을 드는 하인.
8 구체적으로는 츄우겐(中間)을 의미. 츄우겐은 잡병으로 분류되며, 주인의 전투 장비를 챙기는 역할로 전투 보조원이었지만, 상황에 따라서 전투에 참여하기도 함.
9 使用人(시요오·닌). 또는 奉公人(호오코오·닌).

식사로 소요되는 쌀의 양은 약 9석[10]으로 추정되며, 이를 제외하면 35석 중 26석이 남습니다. 이 26석은 현금으로 환산해야 했으며, 당시 쌀 1석은 금화 1냥으로 계산되었기 때문에, 사무라이는 약 26냥의 돈을 손에 쥘 수 있었습니다.

하지만 밥만 먹고 살 수는 없겠지요. 소금, 된장, 야채 등을 구입해야 하고, 취사와 난방을 위해 장작도 필요합니다. 이러한 비용을 1인당 연간 2냥으로 계산하면, 부부와 하인 4명을 포함한 6명의 총비용은 12냥에 달합니다. 이 경우 남은 돈은 14냥입니다. 그렇다면 이제 모든 기본 지출이 끝났을까요? 그렇지 않습니다.

에도 시대에는 하인들에게 숙식을 제공하는 것만으로 충분하지 않았습니다. 급여 또한 별도로 지급해야 했습니다. 보통 남자 하인은 연간 3냥, 여자 하인은 연간 2냥 정도를 받았습니다. 따라서 남자 하인 3명과 여자 하인 1명의 인건비를 합치면 11냥에 이르며, 이 금액을 제외하고 나면 3냥이 남습니다.

---

10 성인 남성 기준 하루 750g의 쌀을 소비. 여성 2명의 식사량을 남성 1명으로 상정하고, 성인 남성 5명이 1년 간 소비하는 쌀 양으로 계산.
=〉 750g·명/day X 5명 X 365days = 1,368kg.
=〉 1,368kg ÷ 150kg(1석) = 9석.

이제 남은 돈은 3냥입니다. 1냥을 약 130만 원으로 환산하면, 400만 원이 채 되지 않는 금액입니다. 이 돈으로 옷을 사 입고, 약간의 사치를 즐기며, 경조비까지 충당해야 합니다. 하지만 만약 가족 중에 병든 사람이 있어 약값이 들거나 장례식을 치러야 한다면, 빚을 질 가능성이 높습니다.

지금까지의 이야기는 자식이 없다는 가정을 바탕으로 한 것입니다. 만약 자식이 있거나 병든 노부모를 부양해야 한다면, 상황은 훨씬 더 어려워질 것입니다. 게다가 에도 시대 중기를 지나면서 번의 재정 적자가 심각해지자, 가신들에게 지급되던 봉록에서 상납금 명목으로 일정 금액을 제외하고 지급하는 일이 빈번해졌습니다. 이러한 상황은 하급 사무라이들의 생계를 심각하게 위협하며, 그들의 생활을 더욱 힘겹게 만들었습니다.

군역을 위한 하인의 고용을 줄이는 것도 고려할 수 있었겠지만, 사무라이 계층의 존재 이유가 전쟁 준비에 있었기 때문에 이는 간단한 문제가 아니었습니다. 그러나 에도 시대 260여 년 동안 실질적인 전쟁이 없었던 탓에 무가 사회에서 군역에 대한 의무감이 점차 희미해졌습니다. 이로 인해 짚신 하인 한 명과 잡부 여성 하인 한 명 정도만 고용하거나, 외출 시 창을 드는 하인이 필요할 경우 인력 사무소[11]에서 단기 아르바이트 하인을 고용해 비용을 절감하는 사례가 늘어났습니다. 심지어 체면을 접고 짚신 하인 한 명만 대동하는 경우도 흔해졌습니다.

지배 계층의 과도한 비용 구조에서 비롯된 문제는 피지배 계층에게 새로운 비즈니스 기회를 제공하기도 했습니다. 가난한 지배 계층과 부유한 피지배 계층이 공존하는 모습은 에도 시대 무가 사회의 독특하고 흥미로운 특징 중 하나로, 당시 사회 구조의 모순을 여실히 보여줍니다.

---

11 口入れ屋(쿠치·이레·야).

시대극 3부작에 등장하는 가난한 주인공의 급여 수준 분석

시대극 3부작 영화 속 주인공들은 모두 가난한 하급 사무라이로 묘사됩니다. 이들의 급여 수준에 대한 구체적인 언급은 없지만, 영화 속 대화를 통해 그들의 경제적 상황을 어느 정도 유추할 수 있습니다. 흥미로운 점은, 세 명의 주인공 중 가장 초라하고 지저분하게 그려진 '황혼의 사무라이' 주인공 이구치 세에베 井口清兵衛 가 실제로는 가장 높은 급여를 받는 인물이라는 것입니다. 그는 우나사카번에서 50석의 급여를 받는 하급 사무라이로 설정되어 있습니다.[12]

세에베는 남자 하인 한 명을 고용하고 노모와 두 딸을 부양해야 했기 때문에, 생활이 늘 빠듯했을 것으로 보입니다. 더군다나 아내가 중병에 걸리면서 치료비를 감당하기 위해 빚을 내야 했고, 오랜 기간 약값을 충당하며 경제적 어려움이 가중되었습니다. 그러나 끝내 아내는 사망했고, 막대한 장례 비용 역시 빚으로 해결할 수밖에 없었습니다. 이러한 상황에서 이구치 세에베 가문의 경제는 사실상 완전히 붕괴

---

12 영화에서는 20석을 상납금(借り米, 카리·마이) 명목으로 영주에게 떼이고 받는 것으로 설정되어 있기 때문에 실 수령 기준으로는 30석.

된 상태였을 것입니다.

영화 속에서 이구치 세에베가 몸조차 제대로 씻지 못하고 옷도 갈아입지 못하는 모습으로 묘사된 것은 단순히 캐릭터의 외형적 특징을 넘어, 그의 절망적인 경제 상황을 현실감 있게 보여주는 장치로 볼 수 있습니다.

도쿠가와 막부의 직속 가신이나 각 번마다 하급 사무라이를 구분하는 기준이 완전히 일치하지는 않았지만, 일반적으로 급여가 100석 미만인 사무라이는 하급 사무라이로 분류되었습니다. 이러한 기준에 따르면, '황혼의 사무라이'의 주인공 이구치 세에베는 하급 사무라이에 속하는 것이 확실합니다.

한편, '숨겨진 검 오니노츠메'의 주인공 카타기리 무네조 片桐宗蔵 는 원래 100석 규모의 급여를 받는 가문 출신으로, 세 명의 주인공 중 가장 풍족한 배경을 가진 인물로 설정되어 있습니다. 그러나 그의 아버지가 강에 다리를 건설하는 토목 공사를 감독하던 중 측량 실수에 대한 책임을 지고 할복하면서, 카타기리 가문의 급여는 30석으로 대폭 격하되었습니다.

이후 무네조는 남자 하인과 여자 하인을 각각 한 명씩 고용한 상태에서 늙은 노모와 여동생을 부양해야 했습니다. 이러한 상황에서는 아무리 빚이 없다고 하더라도 가계를 꾸려 나가는 것이 쉽지 않았을 것입니다. 영화 속 그의 경제적 어려움은 단순히 개인의 비극적 서사뿐 아니라, 에도 시대 하급 사무라이가 직면했던 현실을 상징적으로 드러낸 사례로 볼 수 있습니다.

'무사의 체통'의 주인공 미무라 신노죠 三村新之丞 역시 30석의 급여를 받는 하급 사무라이로 등장합니다. 그는 남자 하인 한 명을 고용하고 있으며, 자녀 없이 부인만 부양하고 있습니다. 이러한 상황을 고려하면, 봉록이 30석에 불과하더라도 부양해야 할 가족 구성원이 비교적 적기 때문에 세 주인공 중 상대적으로 더 안정된 삶을 살았을 가능성이 있습니다.

특히, 빚이 없었다면 그의 경제적 부담은 훨씬 덜했을 것입니다. 미무라 신노죠의 이야기는 봉록의 규모뿐 아니라 가구 구성원 수와 부채 여부가 하급 사무라이의 삶의 질에 중요한 영향을 미쳤음을 잘 보여줍니다.

봉록 (석)	인수 (명)
2,000석 이상	3
1,500	2
1,000	10
900	2
800	3
700	4
600	5
500	11
400	19
300	41
250	23
200	87
150	127
100	114
50	31
25	1
합계	483

쇼나이번의 영지 규모 별 가신 수 (1640년경).
[출처] シリーズ藩物語 庄内藩.

앞서 말씀드린 것처럼, 시대극 3부작 영화의 무대인 우나사카번은 에도 시대 당시 실존했던 쇼나이번을 모티브로 삼고 있습니다. 따라서 쇼나이번 가신단의 봉록 수준을 분석하면 영화 속 하급 사무라이 주인공들의 경제적 상황을 보다 구체적으로 이해할 수 있을 것입니다.

쇼나이번의 가신단은 크게 가중[13]과 급인[14]으로 나뉘었으며, 이들 간에는 분명한 신분적 차이가 존재했습니다. 위 표는 1640년경 쇼나이번 영지 규모에 따른 가신 수를 나타낸 자료입니다. 이 표는 시대극 3부작의 배경인 19세기 에도 시대 후기를 다룬 내용과 약 200년의 시차가 있지만, 에도 시대 초기에 확립된 영지 규모와 봉록 체계가 이후에도 큰 변화 없이 유지된 점을 고려하면 주인공들의 생활 수준을 객관적으로 평가하는 지표로 활용할 수 있습니다.

영화 속 설정에 따르면, '황혼의 사무라이'의 주인공 이구치 세에베는 50석, '숨겨진 검 오니노츠메'의 주인공 카타기리 무네조와 '무사의 체통'의 주인공 미무라 신노죠는 각각 30석의 봉록을 받는 하급 사무라이로 묘사됩니다. 하지만 표에 30석에 해당하는 봉록 자료가 없으므로, 카타기리

---

13 家中(카·츄우). 영지를 소유한 가신. 일반적으로 치교오·토리(知行取り)라고 부름.
14 給人(큐우·닌). 쌀 현물을 급여로 받는 가신. 이들이 받는 급여를 키리·마이(切米) 또는 후치·마이(扶持米)라고 부름.

무네조와 미무라 신노죠는 50석 그룹에 포함하도록 하겠습니다.

이를 바탕으로 보면, 시대극 3부작의 주인공들은 쇼나이번에서 영지를 소유한 가신 483명 중 하위 약 7%에 해당하는 경제력을 가진 것으로 추정할 수 있습니다. 이는 주인공들이 사회적 신분은 유지했지만, 경제적으로는 가장 어려운 계층에 속했음을 보여줍니다.

전체 가구를 소득 수준 순서로 배열했을 때 한가운데에 위치한 가구의 소득을 중위 소득이라 하며, 이 중위 소득의 50% 미만에 해당하는 경우를 현대적 개념의 상대 빈곤으로 정의합니다. 위 표에 따르면, 쇼나이번 가신단에서 중위에 위치한 그룹의 봉록은 150석으로 나타납니다. 이 기준에 따라 상대 빈곤의 경계는 75석이 됩니다.

'황혼의 사무라이'의 이구치 세에베 50석, '숨겨진 검 오니노츠메'의 카타기리 무네조 30석, '무사의 체통'의 미무라 신노죠 30석 는 모두 이 기준에 미치지 못하므로, 현대적인 개념에서도 상대적 빈곤층에 속한다고 볼 수 있습니다.

이를 통해, 영화 속 하급 사무라이들의 경제적 어려움이 단지 이야기적 장치가 아니라, 실제 당시 사회에서 빈곤층에 해당하는 이들의 생활상을 표현하고 있는 것입니다.

영화 제작자들이 이 같은 요소를 고려해 시대극 3부작의 주인공들에게 가난이라는 기호 요소를 부여했는지는 확실히 알 수 없습니다. 그러나 시대 고증에 기반한 객관적 분석 결과, 주인공들은 수치적으로도 당시 사회에서 소위 '찢어지게 가난한' 계층에 속했음을 확인할 수 있었습니다. 이러한 분석은 주인공들의 경제적 어려움이 단순한 극적 설정을 넘어, 에도 시대 하급 사무라이 계층의 현실을 반영하고 있습니다.

에도 시대 사무라이는 진짜로 가난했는가?

시대극 3부작의 주인공들에서 공통점을 찾자면, 주저 없이 '가난'을 떠올릴 수 있습니다. 에도 시대를 배경으로 한 다른 인기 시대극에서도 주인공이 극심한 가난에 처한 모습이 자주 등장하는데, 이러한 설정은 과연 역사적 사실에 근거한 것일까요, 아니면 관객의 동정심을 자극하기 위한 각본적 장치에 불과할까요?

도쿠가와 이에야스[15]는 100년간 이어진 내전의 혼란을 종식하고 일본을 통일한 인물로, 1603년 에도 현재의 도쿄에 도쿠가와 막부를 세워 막번체제를 기반으로 한 통치를 시작했습니다. 약 260년에 걸친 에도 시대 동안 일본은 대체로 평화와 안정을 유지했습니다.

전국 시대[16]에는 전쟁터에서 공을 세우며 사무라이들이 출세할 기회를 잡을 수 있었지만, 에도 시대의 평화는 사무라이 계층의 구조를 고정화시켰습니다. 녹봉은 대물림되었

---

15 德川家康(1543~1616). 에도막부 초대 쇼군.
16 戦国時代(센고쿠·지다이). 일반적으로 1467년 오닌의 난(応仁の乱)에서 시작되어 오다 노부나가(織田信長)가 무로마치 막부(室町幕府)를 멸망시킨 1568년경까지를 지칭.

으며, 특별한 공적이 없는 한 급여가 인상될 가능성은 희박했습니다.

이러한 체제는 사무라이들이 경제적 지위 상승을 기대하기 어려운 환경을 만들었고, 이는 특히 하급 사무라이들에게 가혹한 현실로 다가왔습니다.

에도 시대 당시 일본은 약 270여 개의 번으로 이루어진 소국들의 연합체와 같은 구조를 가지고 있었습니다. 각 번은 독립적인 문화를 형성하며, 번의 수장인 다이묘는 에도에 거처[17]를 마련해 두고 격년제로 에도에서 1년씩 거주하며 근무해야 했습니다. 이 제도를 참근교대[18]라 부르며, 이는 다이묘에게 막대한 재정 부담을 안겼습니다.

에도 근무를 위해 각 번은 다수의 수행원을 동반해 장거리 여행을 해야 했으며, 에도와 본국에서의 체류 비용을 모두 감당해야 했습니다. 이러한 경제적 압박은 번 전체의 재정을 악화시켰고, 그 여파는 하급 사무라이들에게까지 미쳤습니다. 예를 들어, 서일본 끝에 위치한 사츠마번은 에

17　江戶藩邸(에도·한테이).
18　参勤交代(산킨·코오타이).

도까지 약 1,700km를 이동해야 했으며, 이 과정에서 최대 2,000명 이상의 수행원을 동반한 경우도 있었습니다. 100만 석이라는 방대한 영지를 보유한 카가번의 번주 마에다 츠나노리[19]는 에도로 향하는 여정에 무려 4,000명을 동원한 기록을 남기기도 했습니다.

참근교대 제도는 일본 전역의 번에 막대한 여비와 체류비 부담을 안겼습니다. 이러한 재정적 압박은 번의 재정을 점차 악화시켰고, 재정 악화는 곧 사무라이들의 생활 수준에도 직접적인 영향을 미쳤습니다.

농업 기술의 발전으로 쌀 생산량이 증가하며 쌀 가치가 하락하자, 사무라이들의 실질 구매력은 지속적으로 감소했습니다. 그 결과, 일부 하급 사무라이들은 생계를 유지하기 위해 아르바이트를 하거나 물품 생산에 직접 나서는 경우도 생겨났습니다.

소비만 하던 계층이었던 사무라이들과 달리, 상인과 농민들은 지배 계층에 다양한 상품과 편의를 제공하며 점차 부를 축적하기 시작했습니다. 이러한 상황은 에도 시대의 사회

---

19 前田綱紀(1643~1724). 카가번 4대 번주.

구조적 변화를 보여주며, 지배 계층과 피지배 계층 간의 경제적 역전 현상을 암시합니다.

따라서, 시대극 3부작 속 주인공들의 가난한 삶에 대한 설정은 단순히 극적 연출을 위한 장치가 아니라, 에도 시대의 역사적 현실과 사회적 배경을 충실히 반영한 것이라 할 수 있습니다.

Episode. 4

가난한 사무라이의
지저분한 헤어스타일

· 주인공 헤어스타일이 암시하는 기호 요소
· 에도 시대 사무라이의 이발소
· 시대극 3부작 주인공 헤어스타일의 의미

Episode. 4

가난한 사무라이의 지저분한 헤어스타일

주인공 헤어스타일이 암시하는 기호 요소

야마다 요지 감독의 시대극 3부작에서 주인공 사무라이들의 흐트러진 헤어스타일은 단순한 외형적 디테일을 넘어, 그들의 가난과 낮은 사회적 위치를 강렬하게 상징하는 시각적 기호로 작용합니다. 이는 경제적 궁핍을 암시하는 데 그치지 않고, 주인공의 정체성, 자존심, 건강 그리고 심리적 상태까지 은유적으로 드러냅니다.

에도 시대의 전형적인 사무라이 헤어스타일은 이마와 머리 윗부분을 깨끗이 밀어내고, 남은 옆머리를 뒤로 모아 상투[1]를 튼 형태였습니다. 이렇게 밀어낸 부분은 '월대'[2]라 불렸는데요. 사무라이 계층의 사회적 지위와 품위를 상징하는 중요한 요소였습니다. 그러나 야마다 감독의 시대극 3부작에서 주인공들은 월대가 흐트러지고 정돈되지 않은 모습으로 등장합니다. 이 같은 디테일은 전통적 사무라이로서의 삶을 지속할 수 없을 정도로 심화된 경제적 빈곤과, 빠르게 변화하는 시대 속에서 무너져가는 전통적 가치를 여실히 보여줍니다.

야마다 감독이 이러한 헤어스타일을 강조한 이유는 단순히 시대적 배경을 재현하려는 데 있지 않습니다. 그는 이를 통해 에도 시대 사무라이 계층과 서민들이 겪었던 고통과 좌절, 그리고 시대적 변화 앞에서 느낀 무력감을 생생히 전달하고자 했습니다.

월대의 기원은 전국 시대 사무라이들이 투구를 착용할 때 열 배출을 용이하게 하기 위해 머리 윗부분을 밀어낸 관

---

1 ちょんまげ(쵼마게).
2 月代(사카야키).

습에서 시작된 것으로 알려졌습니다. 그러나 평화로운 에도 시대가 도래하면서 월대는 실용적 필요가 아닌, 사무라이 계층을 상징하는 형식적 관습으로 자리 잡았습니다. 시간이 흐르며 일반 서민들도 이를 모방했지만, 월대는 여전히 사무라이의 권위와 품위를 나타내는 중요한 요소로 남았습니다.

월대는 항상 단정히 유지되어야 했습니다. 시간이 지나 머리카락이 자라면 지저분해 보일 수 있었기 때문에, 이를 방치하는 것은 개인의 품격을 해치는 행위로 여겨졌습니다. 에도 시대에는 일반 서민조차 월대 부분을 정돈하지 않으면 낭인이나 병약한 사람으로 여겨질 만큼 신경을 썼습니다. 이는 사무라이 계층에서 더욱 중요한 일이었습니다.

흥미롭게도, 에도 시대 일본에서는 신분과 관계없이 남성들이 수염을 기르는 일이 매우 드물었습니다. 수염은 주로 관직에서 물러난 은거 노인들에게나 허용되었으며, 이는 당대 미의식과 신분을 드러내는 또 하나의 특징이었습니다. 이 점은 야마다 요지 감독의 시대극에서도 철저히 고증되어, 작품의 사실성을 더하는 요소로 작용합니다. 이러한 세부 사항을 알고 시대극을 감상하면, 작품의 디테일에서 새로운 재미를 발견할 수 있을 것입니다.

　수염 면도는 비교적 간단했지만, 월대를 정리하고 상투를 고쳐 매는 일은 그렇지 않았습니다. 에도 시대에는 제대로 된 거울이 흔치 않아 혼자서 월대를 단정히 정리하기 어려웠습니다. 특히 쇼군이나 다이묘 같은 최상위 무사 계층에서는 가장 신뢰받는 측근이 매일 아침 주군의 월대를 정리하고 상투를 다듬는 역할을 맡았습니다. 날카로운 면도칼[3]을 사용하는 작업이었기에, 이는 단순한 관리 행위를 넘어 절대적인 신뢰의 상징으로 여겨졌습니다.

　야마다 감독의 작품 속 흐트러진 월대는 단순히 외형적 디테일을 넘어, 당시 사무라이 계층의 쇠락과 변화하는 시대의 상징으로 기능합니다. 이러한 디테일은 관객들에게 인물의 심리적 상태와 역사적 맥락을 깊이 이해하게 하며, 에도 시대의 복잡한 사회적 풍경을 생생하게 전달합니다.

3　剃刀(카미소리).

에도 시대 사무라이의 이발소

에도 시대의 사무라이나 상인들은 머리를 손질할 필요가 있을 때 이발소를 이용해 비용을 지불하고 머리를 정리하곤 했습니다. 에도 시대 초기, 에도 시내에 약 800여 개의 이발소가 존재했으며, 도시 인구가 급증함에 따라 막부 말기에는 약 2,500개에 이르는 이발소가 성업하며 이발소 문화가 크게 발달했습니다. 이발소 문화의 성장과 함께, 이발 도구를 제작하는 장인들도 번성하며 미용 기구 산업이 발전했는데, 이는 오늘날 'Made in Japan'이라는 브랜드가 미용 기구 분야에서 세계적으로 인정받는 역사적 배경이 되었습니다.

에도 시대의 이발소는 사무라이와 평민을 포함해 신분을 초월한 사람들이 출입하는 공간이었으며, 단순히 머리를 다듬는 곳을 넘어 현대의 동네 미용실처럼 마을의 정보가 모이고 교류되는 사교장이었습니다. 사람들은 이발소에서 머리를 정리하며 자연스럽게 대화를 나눴고, 이를 통해 지역 소식과 사회적 이슈가 빠르게 전파되었습니다.

이발소는 정보가 모이는 장소로 주목받았으며, 때로는 밀정[4]들이 정보를 수집하거나 이발사가 밀정의 역할을 겸하기도 했을 가능성이 있습니다. 이발사는 직업적 특성상 고객과 가까운 거리에서 대화할 수 있었고, 다양한 계층의 사람들과 접촉할 기회를 가졌기 때문에 정보 교환과 은밀한 활동이 이루어지기 쉬운 환경을 제공했습니다.

또한, 에도 시대에는 점포를 운영하지 않고 출장 서비스를 제공하는 이발사[5]도 있었습니다. 카가번 하급 무사였던 나카무라 요쿄오 中村豫卿 가 남긴 일기[6]를 통해 이러한 출장 이발사의 활동 빈도를 확인할 수 있습니다. 1851년 일기에는 출장 이발사가 그의 집을 방문한 기록이 자주 등장하며, 이를 정리하면 다음과 같습니다.

- 1월: 7회
- 2월: 9회
- 3월: 10회
- 4월: 6회
- 5월: 10회

4　御庭番(오·니와·반).
5　廻り髪結い(마와리·카미·유이).
6　起止録(키·시·로쿠).

출장 이발사가 적게는 평균 5일에 한 번, 많게는 3일에 한 번 방문했다는 기록은 하급 사무라이들조차 헤어스타일 관리가 일상 생활에서 중요한 부분이었음을 보여줍니다. 현대 남성들이 보통 한 달에 한 번정도 미용실을 방문하는 것과 비교하면, 에도 시대 사무라이들은 월대를 단정히 유지하기 위해 한 달에 최대 10번까지 이발사를 부르며 상당한 비용과 노력을 들였음을 알 수 있습니다.

월대는 아무리 깔끔히 밀어도 2~3일이 지나면 머리카락이 자라기 시작하기 때문에 단정한 외모를 유지하려면 자주 손질이 필요했습니다. 그러나 가난에 시달리며 하루 끼니조차 걱정해야 했던 하급 사무라이들에게는 출장 이발사를 정기적으로 부르는 일이 경제적으로 불가능했을 것입니다.

이러한 경우에는 부인이나 심부름을 담당하던 하인이 머리 손질을 대신해 주는 일이 일반적이었습니다. 하지만 부인이 일찍 세상을 떠났거나 하인을 둘 여유조차 없었던 사무라이들은, 스스로 머리를 손질하거나 도움을 받을 길이 없어 단정치 못한 모습으로 지낼 수밖에 없었을 것으로 보입니다. 이는 빈곤한 처지 속에서도 전통적 품위를 지키고자 했던 사무라이들의 절실한 노력을 엿볼 수 있는 대목입니다.

깔끔하게 정돈된 월대와 상투는 단순한 외모 관리 이상의 상징성을 지니고 있었습니다. 이는 사무라이로서의 품위와 사회적 지위를 나타내는 중요한 요소였으며, 이를 제대로 유지하지 못하는 것은 곧 경제적 궁핍과 사회적 위치의 하락을 드러내는 또 다른 표현이 되었습니다.

시대극 3부작에서 주인공들의 흐트러진 월대와 상투는 단순한 시각적 요소를 넘어, 이들의 빈곤과 시대적 변화에 맞서 품위를 지키려는 고투를 상징적으로 보여줍니다. 이러한 디테일은 관객들에게 당시 사무라이 계층의 현실을 더욱 생생하게 전달하는 데 중요한 역할을 합니다.

시대극 3부작 주인공 헤어스타일의 의미

시대극 3부작 영화 이야기로 다시 돌아가 보겠습니다. '황혼의 사무라이'의 주인공 이구치 세에베는 영화 전반에 걸쳐 약 일주일 정도 자란 월대를 유지하는 모습으로 등장합니다. 영화 속에서 그의 머리카락 길이에 변화가 없는 점은 다소 부자연스러울 수 있지만, 이를 통해 설정상 대략 열흘에 한 번꼴로 월대를 관리했음을 유추할 수 있습니다.

[황혼의 사무라이] 주인공의 정돈되지 않은 월대 모습.

이 설정은 세에베의 경제적 어려움과 그의 소박한 일상을 간접적으로 드러내는 동시에, 주인공의 내적 갈등과 외부 환경을 은유적으로 표현하는 장치로 작용합니다. 영화는 세에베의 아내가 지병으로 사망하는 장면으로 시작하기 때문에, 머리 정돈을 위해 돈을 들이지 않고 하인 나오타[7]에게 머리 정리를 맡기는 것이 유일한 방법이었겠지만, 어리숙한 나오타가 이 역할을 제대로 해냈을지는 의문입니다. 이 때문에 빠듯한 살림살이에도 세에베는 간혹 이발사의 도움을 받아 월대를 정리하고 상투를 고쳐 묶었을 것으로 추정됩니다.

'숨겨진 검 오니노츠메'의 주인공 카타기리 무네조는 영화 초반에는 깔끔하게 정돈된 월대의 모습을 보여줍니다. 그러나 여동생이 시집가고, 그가 친여동생처럼 아끼던 하녀 키에가 이웃 상인과 결혼해 집을 떠난 후부터는 정돈되지 않은 헤어스타일로 등장하기 시작합니다.

[숨겨진 검 오니노츠메] 주인공의 정돈되지 않은 월대 모습.

7 하인 나오타는 츄우겐(中間) 신분으로 등장.

무네조의 월대는 영화의 스토리 전개에 따라 길이와 상태가 변하며, 그의 심리 상태를 상징적으로 나타냅니다. 영화 속에서 무네조는 때로는 깔끔하게 정돈된 월대를, 때로는 지저분한 월대의 모습을 보여줍니다. 이러한 시각적 변화를 통해 관객은 그의 내면을 간접적으로 이해할 수 있습니다.

특히, 여동생과 하녀 키에가 무네조의 집을 떠난 이후 그의 삶은 경제적 어려움뿐 아니라 깊은 심리적 갈등으로 가득 차게 됩니다. 이는 흐트러지고 정돈되지 않은 월대의 모습으로 표현됩니다. 키에를 상인 집안에 시집보낸 뒤 무네조가 겪는 내적 방황과 상실감은 깔끔하지 못한 월대를 통해 상징적으로 드러나며, 그의 감정적 혼란과 고뇌를 효과적으로 전달합니다.

'무사의 체통'의 주인공 미무라 신노죠의 지저분한 월대는 눈이 멀게 되는 사고를 당한 이후 병상에 누워 있는 장면에서 처음 등장합니다. 그는 스스로 머리를 관리할 수 없는 상태였고, 감독은 시간이 흐름에 따라 점차 지저분해지는 헤어스타일을 통해 병상에서의 시간을 표현합니다.

눈이 멀게 되는 사고를 당한 이후, 신노죠는 번주를 알현하는 장면에서 깔끔하게 정돈된 헤어스타일로 등장합니다. 그러나 부인과의 갈등이 고조되면서 그의 월대는 또다시 흐트러지기 시작합니다.

[무사의 체통] 병상에서 깨어난 주인공의 정돈되지 않은 월대 모습.

[무사의 체통] 머리가 길게 자란 주인공. 월대가 전혀 보이지 않는다.

영화의 마지막 결투 장면에서는 낭인을 연상시킬 정도로 길게 자란 월대가 등장하며, 신노죠의 복수심과 결투에 임하는 비장한 각오를 강렬하게 드러냅니다. 부인을 농락한 상급자와의 결투 후, 자신에게 닥칠 처벌도 감수하겠다는 신노죠의 결연한 의지는 지저분하고 흐트러진 헤어스타일을 통해 상징적으로 묘사됩니다. 이 같은 시각적 디테일은 단순한 외형 표현을 넘어, 그의 내면 상태와 결투에 임하는 태도를 깊이 있게 전달하는 장치로 작용합니다.

야마다 요지 감독의 시대극 3부작은 주인공들의 헤어스타일을 단순한 외형적 요소로만 활용하지 않습니다. '황혼의 사무라이'에서는 헤어스타일이 주인공의 가난을, '숨겨진 검 오니노츠메'에서는 혼란한 심리 상태를, '무사의 체통'에서는 병상에서의 시간과 복수심을 표현하는 기호 요소로 활용됩니다.

이러한 디테일을 이해하고 작품을 감상한다면, 주인공들의 외적 변화에 담긴 내적 갈등과 시대적 배경을 더 깊이 음미하며 한층 풍부한 감동을 느낄 수 있을 것입니다.

Episode. 5

'황혼의 사무라이'와 아르바이트

· 에도 시대, 생산자와 소비자
· 검술 대신 부업에 종사하는 사무라이

Episode. 5

'황혼의 사무라이'와 아르바이트

에도 시대, 생산자와 소비자

'황혼의 사무라이'의 주인공 이구치 세에베는 부인 없이 노모와 두 딸을 부양해야만 하는 어려운 상황에 처해 있습니다. 영화 속에서 그는 틈틈이 큰딸과 함께 곤충용 사육장[1]을 만드는 장면이 자주 등장합니다. 사무라이로서 검술 연마에 집중하지 않고 왜 이런 물건을 만들고 있을까요?

에도 시대의 사무라이는 기본적으로 생산 없이 소비만

---
1 虫籠(무시·카고).

을 담당하던 존재였습니다. 사무라이라는 역할 자체가 물건을 만들거나 농사를 짓는 생산 활동과는 거리가 멀었기 때문입니다. 세에베가 곤충용 사육장을 만드는 모습은 이러한 전통적 사무라이 이미지와는 크게 대조됩니다. 이는 그가 전통적 사무라이의 역할에서 벗어나 가족을 부양하기 위해 소소한 생산 활동에 나서야 할 만큼 극심한 경제적 어려움을 겪고 있음을 상징적으로 보여줍니다.

1603년 도쿠가와 이에야스가 에도에 막부를 개설한 이후, 참근교대 제도를 통해 일본 전역의 사무라이가 에도로 몰려들었습니다. 이로 인해 사무라이가 소비할 공산품과 농수산물을 생산하거나 판매하기 위한 생산자와 상인들도 새로운 기회를 찾아 에도로 이주하기 시작했습니다.

공산품을 생산하거나 토목 기술을 보유한 기술자 집단[2]과 물건을 판매하는 상인[3]이 모여 사는 서민 도심지[4]는, 사무라이 거주 지역과 명확히 구분되어 있었습니다. 새롭게 형성된 서민 도심지는 기술자와 상인의 경제 활동 중심지로, 에

---

2 職人(쇼쿠·닌).
3 商人(쇼오·닌).
4 町(마치). '마치'에 모여 사는 기술자(職人, 쇼쿠닌)와 상인(商人, 쇼오닌)을 통칭해 '쵸오·닌(町人)'으로 부름.

도 시대 도시 구조에서 중요한 역할을 했습니다. 사무라이 거주 지역은 서민 도심지와 엄격히 구분되었고, 농민[5]들은 도심 외곽에서 농사를 지으며 에도에서 소비되는 채소와 농산물을 생산해 공급했습니다. 이러한 구조 속에서 사무라이는 생산 활동에 직접 관여하지 않고 오직 소비자로서의 역할만을 수행했습니다.

18세기 에도의 인구는 약 100만 명에 달하며, 당시 세계에서 가장 인구가 많은 도시로 추정됩니다. 이러한 인구 집중은 에도를 소비와 생산의 중심지로 만들었고, 그 결과 권력과 부가 분리된 사회가 형성되었습니다. 사무라이 계층은 소비 중심의 경제 구조 속에서 정상적인 방법으로 부를 축적하기 어려웠습니다. 반면, 상인과 농민 같은 생산 계층은 압도적인 부를 축적할 기회를 얻게 되었습니다.

곤충용 사육장을 만드는 세에베의 모습은 그의 경제적 어려움과 비전통적 사무라이의 모습을 상징적으로 드러냅니다. 소비만 하던 사회적 위치에서 벗어나, 세에베는 가족의 생계를 책임지기 위해 소소한 생산 활동에 나섰습니다. 이는 에도 시대 경제 구조의 모순과, 시대적 전환점에 놓인

---

5 百姓(햐쿠·쇼오).

하급 사무라이의 현실을 생생하게 보여줍니다.

[황혼의 사무라이] 곤충장을 만들어 납품을 준비하는 주인공.

이러한 에도 시대 사회 구조와 경제적 맥락을 이해한다면, 세에베가 곤충용 사육장을 만드는 장면은 단순한 설정 이상의 깊은 의미를 담고 있음을 알 수 있습니다. 이는 사무라이 계층의 쇠락과 새로운 사회 구조 속에서 전통적 가치가 흔들리는 모습을 상징적으로 보여주는 중요한 기호입니다. 이러한 상황은 에도뿐만 아니라 일본 전역의 번에서도 유사하게 나타났습니다.

검술 대신 부업에 종사하는 사무라이

'황혼의 사무라이'를 포함한 에도 시대 시대극에서 사무라이가 밭을 갈거나, 집 안에서 우산 또는 곤충용 사육장 같은 물건을 만드는 장면이 종종 등장하는 이유는 무엇때문일까요?

앞 장에서 말씀드렸듯이 단순한 영화적 설정이 아니라 역사적 사실에 기반한 고증입니다. 이러한 장면은 에도 시대 하급 사무라이가 직면했던 암울한 경제적 현실과 밀접하게 연결되어 있습니다.

에도 시대 사무라이 계층은 고정된 녹봉[6]으로 생활을 이어갔지만, 목돈이 필요한 장례식, 결혼식 같은 집안 행사를 치르기 위해 상인 계층으로부터 돈을 빌리는 일이 흔했습니다. 문제는 이들의 수입이 제한적이어서, 빌린 돈의 원금은 물론 이자조차 갚기 어려운 경우가 많았다는 점입니다. 따라서 하급 사무라이들은 체면을 뒤로하고 부업[7]에 나설 수밖에 없었습니다.

---

6 俸禄(호오·로쿠).
7 内職(나이·쇼쿠).

에도 시대를 배경으로 한 영화나 문헌에서 하급 사무라이의 대표적인 부업으로 자주 묘사되는 장면 중 하나는 우산을 제작하거나 수리하는 모습입니다. 당시 우산은 상급 사무라이만이 사용할 수 있는 고가의 귀중품이었기 때문에, 고장 난 우산에 대한 유지 보수 수요가 적지 않았습니다. 또한 귀뚜라미와 같은 곤충을 애완용으로 키우는 문화가 널리 퍼져 있었기 때문에, 곤충용 사육장에 대한 수요도 꾸준히 이어졌습니다. 이처럼 곤충 사육장을 제작하는 일 역시 가난한 하급 사무라이가 선택할 수 있는 부업 중 하나였습니다.

　하급 사무라이들은 나팔꽃 같은 식물을 재배하여 판매하기도 했습니다. 도쿄의 유명한 축제 중 하나인 '이리야 나팔꽃 축제'[8]는 도쿠가와 막부에 소속된 하급 사무라이들[9]이 경제적 어려움을 해결하기 위해 나팔꽃 재배를 시작하면서 유래되었습니다. 이 외에도 금붕어 양식, 화투에 그림을 그리는 작업, 농작물 재배 등 다양한 부업이 성행했습니다. 에도에 거주지용 영지를 할당받은 하급 사무라이들 중 일부는

8　入谷朝顔祭り(이리야·아사가오·마츠리). 매년 7월 6일에서 8일까지 도쿄도 다이토구 시타야(東京都 台東区 下谷) 지역 주변에서 열리는 일본 최대 규모의 나팔꽃 축제. 에도 시대 후기에 시작되어 약 200년의 역사를 지니고 있으며, 현재는 매년 약 30만 명의 방문객이 찾는 여름철 도쿄의 대표적인 행사로 자리매김하고 있음.
9　御家人(고케닌).

자신의 생활 공간을 줄이고 남은 땅을 서민들에게 임대하며 임대료 수익을 올리기도 했습니다.

사무라이 계층은 전통적으로 지배 계층으로 여겨졌으나, 부업으로 생산한 물건을 상인 계층에 납품하는 과정에서 상인들이 경제적 주도권을 쥐는 구조가 형성되었습니다. 이로 인해 지배 계층과 피지배 계층 간의 관계가 전통적 신분제를 뛰어넘는 독특한 경제적 역전을 이루게 되었습니다.

야마다 요지 감독의 시대극 3부작 중 '황혼의 사무라이'는 이러한 역사적 현실을 바탕으로 주인공 이구치 세에베가 곤충용 사육장을 만드는 모습을 자주 보여줍니다. 노모와 두 딸을 부양하는 가난한 아버지의 모습은 세에베의 정돈되지 않은 헤어스타일과 더불어 그의 빈곤함과 고단한 삶을 강조하는 기호학적 장치로 활용됩니다. 이는 단순한 영화적 연출이 아니라, 역사적 사실에 기반해 주인공의 현실적 고뇌를 묘사하려는 감독의 의도로 이해할 수 있습니다.

Episode. 6

시대극 3부작의 하인들, 그들은 왜 칼을 차고 있는가?

· 칼을 찬다는 것, 사무라이만의 특권인가?
· 나오타와 토쿠베는 칼을 찰 수 있었는가?
· 장례식 속에 등장하는 칼의 의미는?

Episode. 6

시대극 3부작의 하인들, 그들은 왜 칼을 차고 있는가?

칼을 찬다는 것, 사무라이만의 특권인가?

칼을 찬 사무라이의 모습은 에도 시대를 상징하는 대표적인 이미지입니다. 그러나 1603년에 시작되어 1868년까지 이어진 에도 시대 전반을 살펴보면, 사무라이가 아닌 일반 서민들도 칼을 차고 다니는 모습을 쉽게 찾아볼 수 있습니다. '칼을 찬다'는 것이 사무라이들만의 특권이라고 생각하기 쉽지만, 실제로는 그렇지 않았습니다. 1666년에 간행

된 '가폭호'[1]라는 책에 실린 삽화에는 긴 칼[2]과 짧은 칼[3]을 함께 착용한 청년이 등장합니다. 이 삽화 속 청년은 사무라이로 보일 수 있지만, 사실 그는 무사쥬쿠 武者宿 라는 역참 마을에서 가마 사업을 운영하던 서민, 코야타 小弥太 를 표현한 것입니다.

두 자루의 칼을 찬 코야타. 〈가폭호〉. 와세다 대학 도서관 소장.

1658년에 출간된 교토 여행 가이드북, '경동'[4] 5권에서도 비슷한 삽화를 볼 수 있습니다. 삽화 속 인물은 긴 칼을 어깨에 메고 짧은 칼을 차고 있지만, 행색은 사무라이라기보다는 평범한 서민에 가깝습니다. 에도 시대 초기에는 사무라이와 서민을 불문하고 두 자루의 칼을 차고 다닐 수 있었습니다. 전국 시대가 끝나고 태평성대가 도래하면서, 전투용 무기로 발전했던 칼은 점차 그 필요성을 잃고 화려한 장식품으로 변해갔습니다.

---

1 お伽暴虎(오·토기·보오·코). 중국의 여러가지 기담을 모아 무대와 이름을 무로마치 시대(室町時代), 전국 시대(戰国時代)로 각색해 엮은 책.
2 刀(카타나).
3 脇差(와키자시).
4 京童(쿄오·와라베).

에도 시대가 시작된 지 47년이 지난 1649년, 도쿠가와 막부는 서민들이 길고 화려한 칼과 짧은 칼 등을 차고 다니지 못하도록 규제를 발표했습니다. 그러나 이 규제는 칼을 위험한 무기로 간주하거나 무사의 신분이 아니면 칼을 차지 못하게 한 법령이 아니었습니다. 규제의 목적은 과도한 사치와 풍기 문란을 단속하려는 것이었으며, 서민이 칼을 차는 행위 자체를 금지하지는 않았습니다.

칼을 메고 가는 사내. 〈경동 5권〉.
국립 일본국회도서관 디지털 콜렉션.

당시 칼을 차는 것은 단순한 무기가 아니라 사회적 지위와 멋을 상징하는 문화적 관습이었습니다. 이로 인해 신분과 관계없이 많은 이들이 화려한 칼을 착용하며 자신의 멋을 뽐냈습니다. 그러나 1649년의 규제는 서민들의 사치스러운 칼 착용을 제재하는 중요한 전환점이 되었습니다.

규제가 시작된 이후 서민의 칼 착용에 대한 제한은 점차 강화되었습니다. 1652년에는 서민이 고용한 하인들이 주인과 동행할 때만 긴 칼을 착용할 수 있도록 제재가 추가되었습니다. 이로부터 16년이 지난 1668년에는 여행이나 축제 등 일부 예외 상황을 제외하고 모든 서민에게 긴 칼 착용을 금지했습니다. 1683년에는 서민이 예외 없이 긴 칼을 착용할 수 없도록 규제가 확대되었으며, 도쿠가와 막부는 이 규정을 일본 전역의 번에도 동일하게 적용하도록 명령했습니다.

에도 시대가 시작된 지 81년이 지나서야 사무라이만 두 자루의 칼을 차는 행위가 공인되었고, 이를 통해 신분 구분이 명확히 자리 잡게 되었습니다. 이렇게 두 자루의 칼은 단순한 무기를 넘어 사무라이 신분을 상징하는 중요한 표식으로 자리매김하게 되었습니다.

나오타와 토쿠베는 칼을 찰 수 있었는가?

야마다 요지 감독의 시대극 3부작에서는 약방의 감초처럼 주인공 곁에서 다양한 방식으로 도움을 주는 하인 츄우겐이 등장합니다. '황혼의 사무라이'에서는 나오타라는 이름의 하인이, '숨겨진 검 오니노츠메'에서도 동일하게 나오타라는 이름의 하인이 등장하는데, 흥미롭게도 두 캐릭터를 모두 배우 칸베 히로시[5] 씨가 연기했습니다. '무사의 체통'에서는 토쿠베라는 이름의 나이 많은 하인이 주인과의 관계 속에서 여러 역할을 수행하며 이야기를 전개합니다.

이들 하인은 주인과 함께 외출할 때 허리 춤에 짧은 칼을 한 자루 차고 다니는 모습을 보여줍니다. 앞서 언급했듯이, 17세기 후반에 도쿠가와 막부는 사무라이만이 긴 칼 카타나 과 짧은 칼 와키자시, 즉 두 자루의 칼을 착용할 수 있도록 법령을 정비했습니다. 그러나 짧은 칼을 소지하는 행위는 에도 시대를 통틀어 규제된 적이 없기 때문에, 일반 서민을 포함하여 사무라이 가문 또는 상인 가문에 고용된 하인[6] 역시

---
5 神戸浩(1963~). 일본의 배우. 애칭은 칸베 짱.
6 奉公人(호오코오·닌).

짧은 칼을 소지할 수 있었습니다.

[황혼의 사무라이] 짧은 칼을 차고 있는 나오타의 뒷모습 (좌측).

[무사의 체통] 짧은 칼을 차고 결투장에 동행한 토쿠베 (우측).

시대극 3부작의 배경이 된 시기는 19세기 중반에 해당합니다. 따라서 사무라이 가문에 고용된 하인들이 외출 시 짧은 칼을 소지하는 모습은 당시의 역사적 사실과 부합하며, 감독이 철저한 고증을 통해 재현한 자연스러운 연출로 평가할 수 있습니다. 이러한 기호 요소는 영화 속 배경의 사실성을 높이고, 관객들에게 에도 시대의 생활상을 생생히 전달하는 데 기여합니다.

장례식 속에 등장하는 칼의 의미는?

일본 문화에서 칼은 단순한 무기를 넘어, 인생의 중요한 순간마다 함께하며 일본인의 정신적 세계와 밀접하게 연결된 상징적 존재입니다. 결혼, 출산, 성인식, 그리고 죽음에 이르기까지, 칼은 일본인들의 삶에서 떼려야 뗄 수 없는 의미를 지닙니다. 특히, 사랑하는 이들을 악귀로부터 지켜준다는 의미로 인생의 전환점에서 선물받는 칼을 '수도'[7]라고 부릅니다. 한자 의미 그대로 '지켜주는 칼'이라는 뜻입니다.

---

7 守り刀(마모리・가타나).

'황혼의 사무라이'는 주인공 이구치 세에베의 부인이 병으로 세상을 떠나는 장면으로 시작합니다. 이 장면에서 이불을 덮어 준 부인의 시신 가슴 위에 수도를 올려두는 모습을 볼 수 있습니다. 일본에서는 수도를 시신 곁에 두는 방식이 가문이나 지역에 따라 다양합니다. 시신 머리맡에 두는 경우도 있으며, 가슴 위에 올려둘 때는 칼집에 넣은 상태로 두거나, 칼집에서 완전히 빼두거나, 절반 정도만 뽑아 올려두는 등 여러 방식이 존재합니다. 시신의 머리는 북쪽을 향하게 눕히고, 수도를 시신 위에 직접 올려두어서는 안됩니다. 반드시 시신을 이불로 덮은 후 이불 위에 수도를 올려두어야 합니다.

[황혼의 사무라이] 시신 위에 올려 둔 수도.

그 외 반드시 지켜야 할 중요한 규칙이 하나 있는데요. 칼끝이 시신의 머리 방향을 향해서는 안 된다는 점입니다. 망자이기는 하지만, 칼 끝이 망자의 목을 향하는 것은 위협이 된다는 믿음 때문입니다. '황혼의 사무라이'의 첫 장면에서는 친척으로 보이는 여성이 부인의 시신 위에 수도를 올리며 칼끝이 머리 방향을 향하게 놓아 두는 실수를 저지르는데요. 이를 본 다른 친척이 칼 끝을 시신의 다리 방향으로 돌려놓고, 칼집에서 절반 정도 뽑아 올려놓는 모습을 보여줍니다.

이 장면은 쇼나이번 혹은 이구치 가문에서 수도를 절반 정도 뽑아 시신 위에 올려두는 관습이 있음을 시사하는 흥미로운 기호 요소입니다. 이러한 연출은 일본 전통의 장례 문화와 가문의 관습을 충실히 반영하며, 관객에게 당시의 문화적 맥락을 효과적으로 전달합니다.

불교식 장례에서의 수도는, 고인이 무사히 극락정토로 가는 여정을 지켜주는 부적의 의미를 지닙니다. 신도[8]식 장례에서는 죽음을 불길한 것[9]으로 간주하여, 고인의 죽음으로

---

8 神道(신·토오). 일본 고유의 민족 종교.
9 穢れ(케가레).

생긴 부정을 깨끗이 씻어내기 위한 의미를 지닙니다. 관습적으로는 고인을 악령으로부터 지키기 위해 수도가 부적처럼 사용되었다는 설도 있습니다. 의외로 고양이가 악령의 일종으로 여겨지기도 했으며, 반짝이는 것을 싫어하는 고양이의 습성을 이용해 고양이를 막기 위한 용도로 쓰이기도 했습니다.

종교와 종파, 그리고 지역별 관습에 따라 차이가 있지만, 고인을 보호하고자 하는 간절한 바람이 깃들어 있다는 점에서 공통점을 찾을 수 있습니다.

Episode. 7

사무라이는 마음대로 사람을 베어 죽일 수 있었는가?

· 사무라이의 칼은 아무 때나 뽑을 수 없었다
· 시대극 3부작, 사무라이의 특권은 없었다
· 대나무로 만들어진 칼이 있었다

Episode. 7

사무라이는 마음대로 사람을 베어 죽일 수 있었는가?

사무라이의 칼은 아무 때나 뽑을 수 없었다

사무라이 시대극 영화를 보면 사무라이들이 아무 때나 칼을 뽑아 대결을 강요하거나 죄 없는 서민에게 칼을 휘두르는 장면이 자주 등장합니다. 이런 이미지로 인해 많은 한국인들이 사무라이에게 주어진 살인 특권[1]을 사실로 받아들이는 경우도 적지 않습니다. 하지만 실제로 에도 시대의 사무라이가 살인을 당연한 특권처럼 행사했을까요?

---
1 切捨御免(키리스테·고멘).

1754년, 도쿠가와 막부는 기본 법전으로 불리는 '공사방어정서'[2]를 제정했습니다. 이 법전은 상권과 하권으로 나뉘어 있었으며, 상권에는 사법과 경찰 관계 법령이, 하권에는 에도 시대 초기부터 내려온 판례와 사법 규정이 기록되어 있었는데요. 특히, 하권의 71조에 기록된 내용이 '사무라이의 살인 특권'에 대한 논란의 근거가 되었습니다.

71조의 내용을 해석해 보면, "하급 사무라이라도 서민이나 백성에게 모욕적인 언행을 당한 뒤 어쩔 수 없이 상대를 살해한 경우, 철저한 조사 후 상대의 무례함이 입증되면 처벌하지 않는다"라고 되어 있습니다. 이로 인해 "사무라이가 서민을 죽일 수 있는 특권을 가졌다"는 이야기가 생겨났지만, 실제로는 상당히 제한적인 상황에서만 적용될 수 있었습니다.

1727년의 한 사례를 보면, 막부 가신인 마츠자키 쥬에몬과 우라노 토에몬이 서민 쵸오닌 인 요베와 길에서 시비가 붙었고, 마츠자키 쥬에몬은 분노를 참지 못하고 칼을 뽑아 요베를 베었습니다. 요베는 다행히 죽지 않았지만, 마츠자키

---

2 公事方御定書(쿠지카타·오사다메·카키). 에도 막부의 기본 법전. 8대 쇼군, 도쿠가와 요시무네 통치 시기에 작성됨.

쥬에몬은 사건 신고를 생략한 죄로 해고당해 낭인이 되었고, 우라노 토에몬은 영지 대부분을 몰수당했습니다. 이 사례는 사무라이가 서민을 함부로 베었을 경우, 정당성을 입증하지 못하면 오히려 중대한 처벌을 받을 수 있음을 보여줍니다.

반대로, 서민이 사무라이를 죽인 사례도 존재합니다. 에도 시대 후기, 나고야성 인근에서 서민과 사무라이가 말다툼을 벌이다 서민이 사무라이를 칼로 찔러 사망케 한 사건이 있었습니다. 당시 재판에서는 "사무라이로서 체면을 지키지 못했다"는 이유로 사망한 사무라이가 유죄 판정을 받았고, 서민은 무죄로 석방되었습니다.

토쿠시마번 德島藩 재판 기록에 따르면, 90년간 발생한 살인 사건 중 '사무라이 특권'으로 인정된 경우는 11건에 불과했습니다. 이는 약 8년에 한 건꼴로 발생한 사례로, 이를 특권이라고 하기에는 극히 제한적이고 드문 일이었습니다.

따라서 에도 시대의 사무라이가 서민을 함부로 죽일 수 있었다는 것은 실제보다는 과장된 이미지에 가깝습니다. 사무라이가 칼을 차고 다닌다는 점에서 서민들에게 두려움과 경외심을 불러일으킨 것은 사실입니다. 하지만 피지배 계층의 생산물을 기반으로 생활을 유지하는 사무라이들이 무분별한 폭력을 행사하는 것은 비현실적인 이야기입니다. 또한, 전쟁터가 아닌 평화로운 일상에서 사무라이나 서민 모두 사람을 죽이는 행위에 대한 두려움과 도덕적 고민을 느끼는 것은 인간으로서 자연스러운 감정이었을 것입니다.

결론적으로, 일본 시대극 영화 속 장면에서처럼 사무라이가 서민을 마음대로 위협하거나 살해하는 모습은 극적 장치에 불과하며, 역사적 사실과는 거리가 있습니다. 다만, 칼을 상시 착용하고 있던 사무라이의 존재는 서민들에게 언제든 살인 사건이 발생할 수 있다는 심리적 긴장감을 주었고, 이는 사무라이에 대한 두려움과 경외감을 조성하는 데 중요한 요인이었음에는 분명합니다.

시대극 3부작, 사무라이의 특권은 없었다

'챤바라 영화'는 사무라이 영화 중에서도 칼싸움이나 결투 장면을 중심으로 한 액션 영화 장르를 의미합니다. 이 용어는 칼을 맞부딪히는 소리를 흉내 낸 일본어 의성어 '챤챤바라바라'에서 유래했습니다. 여기서 챤바라는 칼싸움을 가리키는 속어로 발전하여, 이후 사무라이가 등장하는 영화 장르 중 칼싸움을 주된 요소로 다루는 작품을 지칭하게 되었습니다. 챤바라 영화의 특징은 다음과 같습니다.

1. 칼싸움 중심: 주로 사무라이들이 칼을 사용하는 격렬한 결투나 전투 장면이 스토리의 핵심임.

2. 정의 구현: 대개 주인공 사무라이가 불의를 물리치거나 복수를 통해 정의를 실현하는 서사 구조를 가짐.

3. 전형적 인물: 선과 악의 뚜렷한 대립 구조 속에서, 영웅적 사무라이와 악당이 명확하게 구분됨.

4. 역사적 배경: 에도 시대와 같은 일본 역사적 배경이 흔히 등장하며, 전통적 가치와 명예를 중요시함.

대표적인 챤바라 영화 감독으로는 쿠로사와 아키라가

있으며, 그의 작품인 '7인의 사무라이'[3]나 '요짐보'[4]는 챤바라 영화의 전형으로 꼽힙니다. 그러나 시간이 지나면서 챤바라 영화는 단순한 칼싸움 액션을 넘어, 사무라이의 심리적 갈등과 사회적 맥락을 담는 보다 깊은 서사로 발전하기도 했습니다.

챤바라 영화는 일본 사무라이 영화의 전통을 대표하는 장르로, 일본 전통 문화와 사무라이 정신을 시각적으로 보여주는 데 큰 역할을 했으며, 일본 영화 산업의 중요한 축을 형성해 왔습니다.

시대극 3부작 영화는 전통적인 챤바라 영화와는 차별화된 접근을 보여줍니다. 영화 속 사무라이의 전투 장면이 거의 등장하지 않을 뿐 아니라, 평생 칼을 뽑아본 적이 없다는 설정이 돋보이기도 합니다. 이는 에도 시대 당시 '사무라이의 칼'이 전투용 무기라기보다는 정장의 장신구로 여겨졌던 시대적 특성을 잘 반영한 연출입니다.

---

[3] 七人の侍(시치닌·노·사무라이). 1954년 개봉. 쿠로사와 아키라가 각본, 편집, 감독을 맡음.
[4] 用心棒(요오·진·보오). 1961년 개봉. 쿠로사와 아키라 감독, 미후네 토시로(三船敏郎) 주연.

물론 영화적 긴장감을 위해 번藩의 명령으로 주인공이 다른 사무라이와 결투[5]를 벌이는 장면이 등장하지만, 이마저도 그들의 첫 실전이라는 설정으로 사실감을 높였습니다. 이러한 연출은 시대극 3부작이 역사적 고증을 바탕으로 하면서도 드라마적 요소를 잘 결합한 명작임을 보여줍니다.

'숨겨진 검 오니노츠메'에서는 하녀 키에의 여동생이 처음으로 사무라이를 보고 겁에 질려하는 장면이 나옵니다. 에도 시대에는 사무라이 거주지와 서민 거주지가 분리되어 있었기 때문에, 서민이 사무라이와 마주칠 일이 거의 없었습니다. 특히 칼을 두 자루나 차고 다니는 사무라이에 대한 어린 소녀의 막연한 두려움은 당시 사람들의 심리를 잘 반영한 자연스러운 장면이라 할 수 있습니다.

---

5 果し合い(하타시·아이).

대나무로 만들어진 칼이 있었다

사무라이 시대극 영화를 보면 가짜 칼을 차고 다니는 사무라이가 등장하는 장면을 종종 볼 수 있습니다. 겉보기에는 진검처럼 보이지만, 칼을 뽑아 보면 도신이 철이 아니라 대나무로 만들어진 것을 확인할 수 있지요. 언제 어디서든 전쟁에 대비해야 할 것 같은 사무라이들이 실전용으로 사용할 수 없는 가짜 칼을 차고 다녔던 이유는 무엇일까요? 그 이유는 에도 시대가 태평성대였다는 시대적 배경에 있습니다.

에도 시대 사무라이는 전투에 나설 일이 없었습니다. 1637년 발생한 대규모 민란인 '시마바라의 난'[6] 이후, 막부 말기의 보신전쟁까지 약 230년 동안 일본 열도에는 큰 전쟁이 없었습니다. 이로 인해 사무라이의 칼은 실전 무기가 아니라 신분을 상징하는 장신구로 사용되는 경우가 많았습니다.

사무라이는 집 밖에 나설 때 항상 두 자루의 칼을 차고 다니는 것이 기본이었습니다. 긴 칼 카타나 은 칼집을 포함해

---

6   島原の乱(시마바라·노·란). 1637년, 일본 큐슈(九州)의 시마바라(島原)와 아마쿠사(天草) 지역에서 백성과 기독교 신자들이 중심이 되어 에도 막부에 대항한 대규모 무력 투쟁 사건.

약 2kg, 짧은 칼 와키자시 은 약 1kg 정도로, 두 자루를 합치면 대략 3kg의 무게였습니다. 이 무게를 모두 좌측 허리에 차고 다녔기 때문에 몸의 좌우 균형이 깨져 장시간 착용하면 피로감이 크게 누적될 수밖에 없었습니다.

이러한 이유로 칼의 무게를 줄이기 위해 실제 도신을 가벼운 대나무로 교체한 '대나무 칼'[7]을 착용하는 경우도 있었습니다. 어차피 칼을 뽑을 일이 거의 없고 칼집에 넣어둔 상태라면 외부에서 대나무 칼인지 여부를 알 수 없었기 때문에 별다른 문제가 되지 않았습니다.

사무라이들이 대나무 칼을 착용한 이유는 실용성 외에도 경제적 어려움 때문이었습니다. 에도 시대가 중기로 접어들면서 많은 사무라이가 심각한 재정난에 시달리게 되었고, 결혼식이나 장례식 같은 큰 행사를 치르기 위해 어쩔 수 없이 진검의 도신을 팔고 대나무 칼로 대체하는 경우도 있었습니다.

당시 칼은 현재 가치로 수천만 원에 달하는 고가의 물품이었으며, 유명 도공이 만든 칼은 현재 시세로 1억 원 이상

---

7 竹光(타케·미츠).

의 가치를 지니기도 했습니다.

이렇게 진검을 팔아 목돈을 마련할 수 있었지만, 대나무 칼을 차고 다닌다는 사실이 알려지면 큰 망신을 당할 수도 있었습니다. 실제로 한 사무라이가 강을 건너다 칼을 실수로 물에 빠뜨렸는데, 칼이 가라앉지 않고 물에 떠올라 대나무 칼임이 드러나 큰 망신을 당했다는 일화도 전해집니다.

[황혼의 사무라이] 대나무 칼을 보여주고 있는 이구치 세에베.

이러한 경제적 어려움은 갑옷에도 영향을 미쳤습니다. 사무라이의 상징으로 여겨지는 갑옷[8]과 투구[9] 역시 거의 사용할 일이 없었습니다. '갑주 수납 상자'[10]에 보관된 갑옷은

---

8 鎧(요로이).
9 兜(카부토).
10 具足櫃(구소쿠·비츠).

1년에 한 번 꺼내 전시할까 말까 한 상황이었고, 궁핍한 사무라이는 대대로 내려온 갑옷을 팔아 생계를 유지하기도 했습니다. 하지만 체면을 중시할 수밖에 없던 사무라이는 갑옷을 팔아 버린 후에도 빈 갑주 상자를 그대로 집에 두며 외견상 문제가 없는 것처럼 꾸몄습니다. 다만, 외출 시 하인과 함께 이동할 때 하인이 빈 상자를 메고 가는 경우 무게가 가볍다는 사실이 들통날 수 있기 때문에 이를 방지하기 위해 상자 안에 돌이나 무쇠 냄비를 넣어 무게를 맞추는 경우도 있었다고 합니다. 비록 태평성대였지만, 여전히 체면은 사무라이에게 있어 결코 양보할 수 없는 중요한 가치였습니다.

영화 속에서는 주인공의 칼은 그 자체로 상징적이고 장식적인 의미만을 지니며, 그들의 삶과 내면에 더 큰 초점이 맞춰져 있습니다. 이러한 점에서 시대극 3부작은 단순히 화려한 전투 장면을 보여주는 챤바라 영화가 아니라, 에도 시대 사무라이의 진정한 삶의 모습을 탐구하고 재현한 뛰어난 작품으로 평가받고 있습니다.

Episode. 8

시대극 3부작의 백미, 명예를 건 사무라이의 대결

· 막부의 허가를 받은 사무라이의 정식 복수
· 아키츠키번 출신 사무라이 우스이 로쿠로의 복수극
· 시대극 3부작 영화 속 결전 - 상관의 명령에 의한 처단 -
· 시대극 3부작 영화 속 결전 - 정식 결투 -

Episode. 8
시대극 3부작의 백미, 명예를 건 사무라이의 대결

막부의 허가를 받은 사무라이의 정식 복수

태평성대가 이어지던 에도 시대, 전쟁은 사라졌지만 사무라이들은 여전히 두 자루의 칼을 허리에 차고 다녔습니다. 그러나 마음대로 칼을 뽑아 상대를 해치는 일은 법도로 엄격히 금지되어 있었습니다. 막부 말기의 격동기가 시작되기 전, 대부분의 사무라이들은 평생 칼을 휘두르는 일이 없이 생을 마감하는 것이 일반적이었습니다. 물론 어느 시대나 사건 사고는 존재하기 마련이기에, 격한 말다툼 끝에 칼을 뽑아 상대를 죽이는 일이 발생하기도 했습니다.

　에도 시대에는 막부가 제정한 무가제법도[1]를 통해 사적인 결투를 엄격히 금지했습니다. 하지만 가족이나 친족이 살해당한 경우에는 예외적으로 합법적인 복수를 허용하는 제도가 있었는데요. 이를 '아다우치'[2]라고 불렀습니다. 이는 공권력에 의한 처벌이 불가능한 상황에서 피해자의 친족에게 복수할 권리를 부여하는 방식이었습니다.

　정식으로 아다우치를 실행하려면 주군으로부터 복수를 허락받는 면허장을 받아야 했습니다. 다만 부모, 형제, 백부, 숙부 등 연장자가 살해당한 경우에만 허가가 내려졌으며, 동생이나 자녀처럼 연하의 친족이 피해자인 경우에는 허가되지 않았습니다. 또한, 정당한 결투[3]로 인해 사망한 경우나, 복수를 통해 살해된 유족이 다시 복수를 시도하는 일[4]도 금지되었습니다. 이는 끊임없는 복수의 악순환이 이어질 위험을 막기 위한 조치였습니다.

1　武家諸法度(부케·쇼·핫토). 에도 막부가 다이묘를 통제하기 위해 제정한 법령. 다이묘 외 도쿠가와 직속 가신인 하타모토(旗本), 기타 무사 계층을 대상으로 하였으며, 문무 장려, 검약, 그리고 품행 단정을 중시하는 내용을 담고 있음.
2　仇討ち(아다·우치).
3　果し合い(하타시·아이).
4　重敵(카사네·가타키).

복수 과정에서도 난관은 많았습니다. 검술 실력이 부족한 이가 복수를 시도하다 오히려 상대에게 살해당하는 경우[5]도 있었는데요., 이러한 상황에서는 더 이상의 복수가 금지되었습니다. 이는 복수 대상이 뛰어난 검술 실력을 갖췄을 경우, 복수를 시도하는 가족과 친척이 몰살당하는 최악의 상황을 방지하기 위한 규정[6]이었습니다.

복수를 결심한 후 면허장을 받은 사람은 도시 행정과 치안을 담당하던 관청[7]에 '복수 신청서'를 제출해야 했습니다. 허가가 나면 원수를 찾아다니는 동안 이를 증명할 수 있는 서류를 발급받았습니다. 이 문서는 다른 번藩으로 원수를 찾으러 갈 때 국경 통과를 가능하게 하고, 복수 과정에서 발생하는 살인을 정당화해주는 중요한 역할을 했습니다.

관청에서 원수를 먼저 발견한 경우, 대나무 장벽[8]을 치고 정식 대결을 펼칠 기회를 제공하기도 했습니다. 하지만 전국을 떠돌며 원수를 찾는 일은 인생을 건 모험에 가까웠고, 복수에 성공하는 것은 매우 드문 일이었습니다.

---

5 返り討ち(카에리·우치).
6 又候敵討ち禁止(마타·조로·카타키·우치·킨시).
7 町奉行所(마치·부교쇼).
8 竹矢来(타케·야라이).

일본사에서 가장 오랜 기간에 걸쳐 복수에 성공한 사례로는 여성 토마세의 이야기가 있습니다. 7세 때 어머니를 잃은 토마세는 원수의 행적을 쫓아 53년 동안 전국을 떠돌았고, 1853년 59세의 나이에 복수를 완수했습니다.

일본 역사에서 가장 유명한 복수극으로 꼽히는 '충신장'[9] 이야기도 있습니다. 주군의 원수를 갚기 위해 아코번 赤穗藩 낭인이 일으킨 이 사건을 사건을 아다우치로 봐야 하는지에 대해 막부 말기까지 논란이 이어졌지만, 현재는 '일본 3대 아다우치'[10] 중 하나로 자리 잡으며 일본인의 정신 속 깊이 새겨져 있습니다.

---

9 忠臣蔵(츄우신·구라).
10 소가 형제의 아다우치(曽我兄弟の仇討ち, 1193년), 아코오 사건(赤穗事件, 1702년), 타테야 갈림길의 결투(鍵屋の辻の決闘, 1634년).

아키츠키번 출신 사무라이
우스이 로쿠로의 복수극

아키즈키번秋月藩은 후쿠오카번으로부터 일부 영지를 할당받아 설립된 소규모 지번[11]이었습니다. 이 이야기는 보신전쟁 이후, 아키즈키번의 번사였던 우스이 와타리[12]와 그의 아들 우스이 로쿠로[13]를 중심으로 전개됩니다.

보신전쟁의 서막을 연 토바·후시미 전투[14]에 참전했던 우스이 와타리는 전쟁 후 고향으로 돌아와 개국론을 주장했습니다. 그러나 서양 세력을 적대시하는 존왕양이파가 지배적이었던 아키즈키번에서 개국론을 설파하는 것은 매우 위험한 행동이었습니다. 결국 존왕양이파 조직인 간성대[15]가 우스이 와타리의 저택을 습격하는 사건이 발생합니다.

이 습격으로 와타리와 그의 부인은 그 자리에서 잔혹하게 살해당했습니다. 사건 이후 열린 재판에서 아키즈키번은

---
11 支藩(시·한). 에도 시대에 본가인 번주 가문의 일족 중 가독을 이어받을 권리가 없는 동생이나 서자 등에게 영지를 분할하여 새롭게 설립한 번.
12 臼井亘理(1828~1868). 아키즈키번 가로(家老).
13 臼井六郎(1858~1917). 아키즈키번 가로, 우스이 와타리의 장남.
14 鳥羽伏見の戦い(토바·후시미·노·타타카이).
15 干城隊(칸·죠오·타이).

간성대에 무죄를 선고했을 뿐 아니라, 오히려 우스이 와타리를 '번에 해를 끼친 죄인'으로 규정하고 가록을 몰수하는 처분을 내렸습니다.

당시 10세였던 우스이 로쿠로는 번교[16]에 재학 중이었습니다. 어느 날 급우가 "우리 형이 명검으로 우스이 와타리를 벴다"고 자랑하는 말을 듣고, 아버지를 살해한 자가 간성대의 일원인 이치노세 나오히사 一瀨直久 임을 알게 됩니다. 복수를 결심한 로쿠로는 메이지 정부 수립 이후 이치노세 일가가 큐슈에서 도쿄로 이주했다는 소식을 듣고, 유학을 핑계로 1876년 도쿄로 향합니다.

도쿄에 도착한 로쿠로는 도쿄의 야마오카 텟슈[17] 도장에서 북진일도류[18] 검술을 수련하며 이치노세의 행방을 추적합니다. 1880년 11월, 이치노세가 도쿄 상등재판소 판사로 임명되었다는 사실을 알게 된 로쿠로는 그를 처단하기 위한 계획을 세웠습니다. 그리고 1880년 11월, 이치노세가 도쿄

---

16 藩校(한·코오). 사무라이 자제를 교육시키기 위해 번(藩)에서 설립한 학교.
17 山岡鉄舟(1836~1888). 막부 말기의 도쿠가와 막부 가신, 검술가.
18 北辰一刀流(호쿠신·잇토오류). 에도 시대 후기 치바 슈사쿠(千葉周作)가 창시한 검술.

상등재판소 판사로 임명되었다는 사실을 알게 된 그는 본격적인 실행 계획을 세웁니다.

같은 해 12월 17일, 도쿄 긴자에 위치한 쿠로다 저택에서 이치노세와 마주한 로쿠로는 "아버지의 원수!"를 외치며 단도 와키자시 로 그를 찔러 살해한 뒤 곧바로 경찰에 자수합니다.

우스이 로쿠로. 특별 사면으로 석방된 1890년경 찍은 사진으로 추정.

이 사건은 메이지 정부가 '복수 금지령'을 내린 이후 발생한 일로, 법적으로는 단순 살인으로 분류될 수밖에 없었습니다. 그러나 언론은 이를 '일본 역사상 마지막 복수극'으로 대서특필했고, 몰락한 사족[19] 계층의 깊은 관심을 끌었습니다. 결국 법원은 사건의 시대적 맥락과 에도 시대 복수극, 즉 아다우치 전통

---

19 士族(시·조쿠). 메이지 유신 이후, 에도 시대의 구 무사 계급, 공가(公家), 그리고 사찰의 하인 중에서 원칙적으로 녹봉을 받았으나 화족(華族, 카·조쿠)으로 분류되지 않은 사람들에게 부여된 신분 계층의 총칭.

과의 연관성을 일부 참작하여 로쿠로에게 사형 대신 종신형을 선고했습니다.

그로부터 10년 후인 1890년, 로쿠로는 특별 사면으로 석방됩니다. 출소 후 그는 결혼하였으나 자녀는 없었으며, 1917년 60세의 나이로 생을 마감했습니다. 그의 유해는 부모와 함께 후쿠오카현 아사쿠라시 아키즈키 福岡県 朝倉市 秋月 에 위치한 코신지 古心寺 라는 절에 안장되어 있습니다.

이 이야기는 2011년 TV 아사히에서 방영된 스페셜 드라마 '풀리지 않는 원한, 메이지 13년 마지막 복수극'[20]을 통해 대중에게 다시 소개되었습니다.

---

20 遺恨あり-明治十三年 最後の仇討(이콘·아리, 메이지·쥬우산·넨, 사이고·노·아다우치).

시대극 3부작 영화 속 결전
- 상관의 명령에 의한 처단 -

시대극 3부작 영화는 평범하고 가난한 하급 사무라이들의 일상을 섬세하게 그리면서도, 사무라이의 자존심을 건 대결 장면을 빼놓지 않습니다. '숨겨진 검 오니노츠메'에서는 주인공이 번藩의 명령을 받아 과거 친구였던 죄인을 처단해야 하는 갈등 상황을 그려냅니다.

[숨겨진 검 오니노츠메] 죄인이 된 친구, 하자마 야이치로(좌측)와 대치 중인 주인공, 카타기리 무네조(우측).

영화 속에서 하자마 야이치로狹間弥市郎는 에도에서 모반을 기도한 혐의로 체포되어, 본국인 우나사카번으로 압송됩니다. 그러나 수감 중 탈옥 사건을 일으키자, 번에서는 그를 처단하라는 명령을 내리고, 이에 따라 주인공 카타기리 무네조는 하자마가 숨어 있는 민가로 향하게 됩니다.

에도에는 각 번의 다이묘들이 참근교대를 위해 머무는 저택이 존재했지만, 공식적인 형장은 마련되어 있지 않았습니다. 따라서 다이묘 가문의 가신이 범죄 혐의를 받았을 경우, 에도에서 곧바로 처벌하는 것이 아니라 본국으로 송환한 뒤 재판과 형 집행을 진행하는 것이 원칙이었습니다.

이러한 시대적 배경을 고려하면, '숨겨진 검 오니노츠메'에서 하자마 야이치로가 우나사카번으로 압송되어 처벌받는 전개는 에도 시대의 법과 관습을 충실히 반영한 설정이라 할 수 있습니다. 비슷한 사례는 영화 '황혼의 사무라이'에서도 찾아볼 수 있습니다.

에도에서 모반을 꾀하던 무리가 일망타진되는 과정에서, 중급 가신[21] 요고 젠에몬은 할복 명령을 거부한 채 집에 틀어박혀 무죄를 주장합니다. 이에 번 藩 으로부터 요고를 처단하라는 명령을 받은 주인공 이구치 세에베는, 치열한 혈투 끝에 요고를 참살하며 이야기는 클라이맥스를 맞이합니다.

---

21 馬廻役(우마·마와리·야쿠).

[황혼의 사무라이] 끝까지 할복을 거부한 요고 젠에몬(좌측)과 맞서고 있는 주인공, 이구치 세에베(우측).

이 두 작품의 결투 장면은 단순한 사적 복수가 아니라, 상관의 명령에 따른 처단[22]이라는 점에서 '공적인 형 집행'의 성격을 지닙니다.

이러한 '상관 명령에 의한 처단'은 단지 허구적 장치가 아니라, 실제 일본 역사 속에도 존재했던 개념입니다. 그 대표적인 사례가 1862년 5월 21일, 교토 후시미 지역에 위치한 사츠마번 전용 여관[23] 테라다야 寺田屋에서 벌어진 '테라다야 사건'입니다.

---

22 上意打ち(죠오이·우치).
23 定宿(죠오·야도).

당시 사츠마번의 실질적 지도자였던 시마즈 히사미츠[24]는 막부와 조정의 화해를 통해 국정을 안정시키고자 했습니다.[25] 그러나 텐노 중심의 급진적 존왕 사상을 신봉하던 사츠마번의 일부 사무라이들은 이에 반발하며, 막부 타도를 위한 독단적인 무력 행동을 계획하고 있었습니다.

이 가운데 아리마 신시치[26] 등 급진 존왕양이파 사무라이들이 교토에 집결해 거병을 모의하고 있다는 사실을 알게 된 시마즈 히사미츠는, 이들의 폭주를 막기 위해 같은 사츠마번 출신 사무라이 14명을 교토에 파견합니다. 그는 이들에게 상황이 여의치 않으면 동료 사무라이일지라도 전원 처단하라는 명령을 내렸습니다.

1862년 음력 4월 23일, 명령을 받은 진압대[27]는 테라다야를 기습했고, 그 결과 사츠마번 사무라이들 간의 참혹한 유혈 충돌이 벌어졌습니다. 이 과정에서 7명이 사망하고 2

---

24 島津久光(1817~1887). 시마즈 가문의 5대 당주. 막부 말기, 사츠마번의 실질적 최고 권력자.
25 公武合体(코오·부·갓타이). 1850년대, 조정(公)과 막부 및 번(武)을 하나의 체계로 통합하여, 기존의 막번체제를 재편하고 그 기반을 강화하고자 했던 정치적 시도.
26 有馬新七(1825~1862). 사츠마번 사무라이.
27 鎭撫使(친부·시). 나라 시대에서 메이지 시대에 걸쳐 설치된 관직으로 지방의 치안유지와 행정 감찰 등의 임무를 수행.

명이 중상을 입었으며, 이후 자결자까지 포함하면 총 9명이 희생되었습니다.[28]

비극적인 사건이었지만, 시마즈 히사미츠는 자신의 명령을 어긴 부하들마저 예외 없이 처단함으로써 조정의 신뢰를 얻었고, 이를 바탕으로 정치적 구상을 실현할 기반을 다지는 데 성공했습니다.

시대극 3부작 영화 속 결전
-정식 결투-

'황혼의 사무라이'에서는 주인공이 두 차례의 결투에 나서지만, 각각의 장면이 지닌 의미는 다소 차이가 있습니다. 이 결전 장면을 설명하기 위해서는 영화의 흐름을 이해할 필요가 있으므로, 먼저 간략한 줄거리를 소개하고자 합니다.

주인공 이구치 세에베는 어린 시절부터의 친구였던 이이누마 린노죠 飯沼倫之丞 의 여동생 토모에 朋江 에게 오랫 동

28　진압대 : 1명 사망, 4명 부상, 존왕양이파 : 6명 사망, 2명 부상,

안 연정을 품어 왔습니다. 두 사람은 서로 호감을 가지고 있었음에도, 가문의 경제력 차이로 인해 다른 상대와 결혼할 수밖에 없었습니다.

'황혼의 사무라이'의 결투 신청 장면에서 대사에 등장하는 절, 한냐지. 야마가타현 츠루오카시(山形県 鶴岡市) 소재.

도로에서 바라 본 한냐지. 야마가타현 츠루오카시 소재.

토모에는 우나사카번 경비대 조직장이었던 코다 토요타로 甲田豊太郎 와 혼인했지만, 남편의 심한 술버릇과 폭력을 견디지 못하고 결국 이혼하게 됩니다. 이혼 후에도 코다 토요타로는 술에 취할 때마다 이이누마 가문을 찾아와 행패를 부리곤 했습니다. 어느 날, 집안일을 돕기 위해 이구치 세에베의 집을 방문했던 토모에를 자택까지 바래다주던 중, 세에베는 토모에의 전 남편인 코다와 마주치고, 두 사람 사이에 시비가 붙게 됩니다. 분을 참지 못한 코다 토요타로는 세에베에게 정식 결투를 신청하며, 다음 날 한냐지 般若寺 라는 절 뒷편 강가에서 승부를 가리자고 통보합니다.

에도 시대 당시 무사들 사이에는 상호 합의에 의한 '정식 결투'[29]가 하나의 문제 해결 방식으로 받아들여졌습니다. 정식 결투는 상대를 직접 찾아가 승낙을 받거나, 서면으로 결투 의사를 전달하는 두 가지 방식으로 이루어졌습니다.

어떤 방법이든 상호 합의에 따라 진행되었기 때문에, 일방적인 복수극과는 전혀 다른 형식의 공식적인 대결이었습니다. 결투 도중 한쪽이 사망하더라도 이에 대한 복수는 허용되지 않았습니다. 만약 상대가 너무 강할 경우, 제삼자가

---
29 果し合い(하타시·아이).

'결투 지원'[30]을 나설 수도 있었지만, 이는 엄격한 제한이 따랐습니다.

특히, 신분이나 지위가 동등한 사무라이들 간의 정식 결투에서는 당사자들만이 문제를 해결하는 것이 원칙이었기 때문에, 결투에 개입할 경우 번藩에서 추방형[31]과 같은 처벌을 받을 수도 있었습니다. 다만, 결투 당사자가 자신의 상사나 주군, 혹은 자신이 직접 고용한 가신일 경우에는 예외적으로 결투 지원이 허용되었습니다.

'황혼의 사무라이'에서 정식 결투의 당사자는 주인공 이구치 세에베와 토모에의 전 남편, 코다 토요타로였습니다. 그러나 자신의 집에서 벌어진 소동에 세에베가 휘말리게 된 것에 미안함을 느낀 이이누마 린노죠는, 세에베가 결투 장소에 도착하기도 전에 먼저 강가로 나와 대신 싸우려 합니다. 그러나 만약 이대로 결투가 진행되었다면, 이이누마는 결투 당사자가 아닌 제삼자로서 결투 지원을 나선 셈이 됩니다.

---

30 助太刀(스케·다치).
31 中追放(츄우·츠이호오).

더구나 이이누마와 이구치는 동등한 신분이었기 때문에, 결투 지원 자체가 성립될 수 없는 상황이었으며, 이이누마는 벌을 받을 위험에 처할 수도 있었습니다. 다행히도, 조금 늦게 도착한 세에베가 이이누마를 만류하고 직접 결투에 임하면서, 역사적 고증 측면에서도 무리가 없는 장면이 완성되었습니다.

[무사의 체통] 시마다 토오야와 결투 중인 미무라 신노죠.

에도 시대 당시 도쿠가와 막부는 모든 형태의 사적 무력 충돌을 금지하고 있었기 때문에, 정식 결투 또한 법적으로는 위법 행위로 간주될 가능성이 있었습니다. 그러나 일본의 각 번은 막부 법령을 기반으로 하되, 독자적인 사법 체계를 운영하고 있었기 때문에, 에도와 도쿠가와 직할령[32]을 제외한

---

32   天領(텐·료오).

지방에서는 막부의 직접적인 법 집행력이 제한적이었습니다. 따라서 지방 번 내에서의 정식 결투는 막부 법에 저촉될 여지가 있음에도, 실제로는 번의 재량에 따라 관용적으로 다뤄지는 경우도 있었던 것으로 보입니다.

[무사의 체통] 전투용 머리띠를 착용한 하인, 토쿠헤의 모습.

마지막으로 '무사의 체통'에 등장하는 결투 장면에 대해 이야기해 보겠습니다. 위 표에서도 확인할 수 있듯이, 이 영화에서는 마지막 부분에서 '정식 결투' 장면이 등장합니다.

사고로 눈이 보이지 않게 된 주인공, 미무라 신노죠는 자신의 부인을 희롱한 시마다 토오야 島田藤弥 에게 정식 결투를 신청하는데요. '황혼의 사무라이'에서는 목검을 사용해 상대를 기절시키는 정도에서 결투가 끝났지만, '무사의 체통'에서는 양쪽 모두 진검을 사용하여 결투를 벌였고, 그 결과 시마다 토오야는 팔이 거의 절단되는 치명상을 입고 곧 할복 자결하게 됩니다. 이 점에서 두 영화의 결투 장면은 분명한 차이를 보입니다.

또한, '무사의 체통'에서 눈에 띄는 요소 중 하나는 주인공 미무라 신노죠를 따라 결투 장소에 등장한 하인[33] 토쿠헤의 존재입니다. 그는 실제 결투에는 개입하지 않았지만, 전투용 머리띠[34]를 두르고 칼을 지닌 모습을 통해 만약의 사태에 대비하여 '결투 지원'을 위해 왔다는 점을 암시합니다.

앞서 언급했듯이, 결투 당사자가 자신의 상사나 주군, 혹은 자신이 직접 고용한 가신일 경우에는 결투 지원이 예외적으로 허용되었습니다. 이러한 관점에서 볼 때, 토쿠헤는 미무라 신노조가 직접 고용한 가신이었으므로, 그가 결투 지원에 나서는 설정은 역사적 사실에 비추어 보더라도 충분히 타당하고 자연스러운 전개라 할 수 있습니다.

---

33 中間(츄우겐).
34 鉢金(하치·가네).

영화	전투장면	
	상관의 명령에 의한 처단 (죠오이·우치)	정식 결투 (하타시·아이)
황혼의 사무라이	O	O
숨겨진 검 오니노츠메	O	X
무사의 체통	X	O

시대극 3부작 영화별 전투 장면 구성.

이처럼 시대극 3부작은 뛰어난 드라마적 요소뿐만 아니라, 사무라이 결투 장면이 주는 깊이 있는 매력으로도 주목받고 있습니다. 특히, 한국 관객들에게 일본 시대극 영화의 가장 큰 흥미 요소 중 하나는 사무라이들의 실제 전투 방식과 결투 장면일텐데요. 이번 에피소드에서 알게된 배경 지식을 바탕으로 시대극 3부작의 결투 장면을 다시 감상한다면, 한층 더 깊이 있는 재미와 새로운 시각을 경험할 수 있을 것입니다.

Episode. 9

장례식 장면에서 볼 수 있는 원기둥 통의 정체는?

· 에도 시대 일본의 장례 문화와 영화 속 장례 풍경
· 무로마치 시대를 거쳐 에도 시대에 뿌리 내린 토장 문화
· 고령화 사회 일본의 또 다른 고민, 길어진 화장 대기 시간

Episode. 9

장례식 장면에서 볼 수 있는 원기둥 통의 정체는?

에도 시대 일본의 장례 문화와 영화 속 장례 풍경

사무라이 시대극을 보다 보면 장례식 장면을 종종 접하게 됩니다. 한국의 전통 장례에서 상여꾼들이 상여를 메고 매장지로 향했던 것처럼, 일본 시대극에서도 원기둥 모양의 관을 운반하는 모습을 볼 수 있습니다. 우리에게 익숙한 긴 직사각형의 관과는 다른 형태인데, 이처럼 좁아 보이는 원통형 관에 시신을 어떻게 안치했던 것일까요?

일본에서 관을 사용한 매장은 고대부터 존재했습니다. 고분시대[1]에 접어들면서, 신분이 높은 사람들을 중심으로 다양한 형태의 관이 사용되었는데, 대표적인 예로 다음과 같은 것들이 있습니다.

- *상자형 관*[2] : 목재로 만든 직사각형의 상자 형태 관
- *배 모양 관*[3] : 배처럼 생긴 관으로, 저승으로 떠나는 의미를 지님
- *통 모양 관*[4] : 통을 이용해 만든 관
- *좌관*[5] : 망자를 앉은 자세로 안치하는 원기둥 형태의 관
- *장롱형 관*[6] : 가재도구처럼 보이는 관
- *집 모양 관*[7] : 집 형태를 본뜬 석관

하지만, 이러한 관을 사용할 수 있었던 것은 주로 상류층에 한정되었습니다. 일반 서민들은 시신을 관 없이 그대로

1　古墳時代(코훈·지다이). 3세기 중반부터 7세기경까지를 가리키며, 일본 열도에서 고분(古墳)이 활발하게 조성된 시대. 일본의 고대 국가 체제가 성립된 시기로 여겨짐.
2　箱式棺(하코·시키·칸).
3　舟式棺(후나·시키·칸).
4　桶棺(오케·칸).
5　座棺(자·칸).
6　長持形棺(나가·모치·가타·칸).
7　家形棺(이에·가타·칸).

매장하는 직접 매장 방식인 토장[8]을 따랐으며, 관을 사용한 매장은 신분을 나타내는 상징적인 요소로 기능했습니다.

무로마치 시대를 거쳐 에도 시대에 뿌리 내린 토장 문화

무로마치 시대와 전국 시대 1336~1615 를 거쳐 에도 시대 초기에 이르기까지, 일본에서는 화장[9]과 토장이 모두 일반적인 장례 방식이었습니다. 그러나 당시에는 지금과 같은 전문 화장터가 존재하지 않았고, 시신을 완전히 태울 만큼 강한 화력을 내는 연료를 확보하기도 어려웠습니다. 이에 따라 화장 후 남은 뼛조각을 다시 매장하는 방식이 흔하게 이루어졌습니다..

에도 시대에 들어서면서 태평성대가 지속되자, 사무라이 계층을 중심으로 유교 사상이 보급되었습니다. 유교에서는 부모의 시신을 태우는 것을 불효로 간주했기 때문에, 점

---

8 土葬(도·소오). 매장을 뜻함.
9 火葬(카·소오).

차 화장이 기피되고 토장이 일반화되었습니다.

물론, 오사카를 비롯한 일부 지역에서는 화장 문화가 유지되었으나, 에도 시대의 장례 문화는 불교, 신도, 유교 철학이 복합적으로 반영된 형태로 발전했습니다.

에도 시대 일본에서는 망자를 눕히지 않고 좌선하는 자세로 입관시키면 극락에 한층 가까워질 수 있다는 믿음이 자리 잡았는데요. 이는 불교의 영향을 받은 장례 문화가 깊이 뿌리내리고 있었음을 보여줍니다.

이러한 배경에서 원기둥 형태의 관인 좌관[10]이 에도를 중심으로 널리 사용되었습니다. 다만, 신분이 높은 일부 망자의 경우 예외적으로 침관[11]을 사용하여 시신을 눕혀 안치하기도 했습니다. 하지만 이는 극히 드문 사례였으며, 에도 시대의 장례 방식은 좌관을 이용한 정좌 매장이 일반적이었습니다.

도쿄 타워 인근 시바[12] 지역에는 에도 시대 초기를 이끌

---
10 座棺(자칸).
11 寢棺(네칸).
12 東京都 港区 芝公園.

었던 도쿠가와 쇼군 가문의 묘소가 자리한 조오죠오지 增上寺 라는 사찰이 있습니다. 이곳에는 에도 막부 2대 쇼군 도쿠가와 히데타다[13]를 비롯해 총 7명의 쇼군과 정실들의 유해가 안치되어 있습니다.

그러나 태평양전쟁이 한창이던 1945년 5월, 도쿄 대공습으로 인해 사찰은 큰 피해를 입고 폐허가 되었습니다. 전쟁의 상처를 고스란히 간직한 채 조오죠오지는 이후 10년 넘게 방치되어 왔으나, 문화재 보호위원회의 허가 아래 복구 작업이 시작되면서, 도쿠가와 쇼군들의 유골 발굴 작업도 함께 이루어졌습니다. 이 과정에서 발견된 쇼군들의 유해는 모두 정좌한 형태로 매장되어 있었는데요. 이를 통해 좌관을 이용한 매장 방식이 일반 서민뿐만 아니라 지배 계층의 장례 문화에도 깊이 자리 잡고 있었음을 확인할 수 있습니다.

좌관은 일반적인 직사각형 침관보다 공간을 덜 차지하고, 막대를 이용해 운반하기 쉬운 구조였다는 점에서 실용적인 장점이 있었습니다. 또한, 좌관 내부에서 망자의 손발을 접어 '무릎 세워 앉기'[14]와 유사한 자세로 만들거나, 때로는

---

13 德川秀忠(1579~1632). 전국시대부터 에도 시대 초기까지 활동한 무장. 에도 막부 제 2대 쇼군(将軍).
14 体育座り(타이이쿠·즈와리).

'무릎 세워 앉기' 자세 모습.
「체육에서의 집단행동 지도 지침」.
[출처] 일본 문부성(文部省).

결가부좌의 명상 자세로 안치하는 경우도 있었습니다. 이는 좌선 자세로 입관되면 성불할 수 있다는 불교적 신념에서 비롯된 것입니다. 메이지 시대에 접어들면서 화장이 점차 보편화되었고, 이에 따라 좌관을 이용한 매장 문화는 점차 쇠퇴하기 시작했습니다. 현대 일본에서는 화장이 의무화되어 좌관을 거의 찾아볼 수 없게 되었는데요.

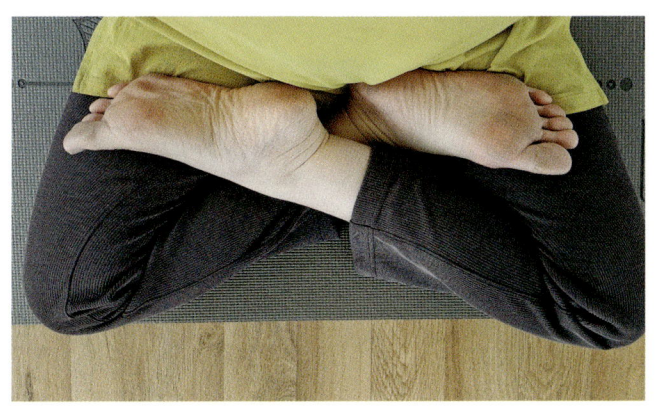

'결가부좌' 자세의 다리 모습.
사진 제공 : 더오른 요가.

다만, 종교적인 이유 또는 망자가 생전에 토장을 원한다고 유언을 남긴 경우, 지자체의 허가를 받아 화장이 아닌 매장을 선택할 수도 있다고 합니다.

[황혼의 사무라이] 좌관을 메고 걷는 장례식 행렬 모습.

'황혼의 사무라이' 도입부에서는 주인공 이구치 세에베의 부인이 지병으로 사망하는 장면이 나옵니다. 이때, 장례 행렬 속에서 두 명의 장정이 원기둥 모양의 좌관을 메고 눈 덮인 길을 걷는 장면이 묘사됩니다. 이는 좌관 안에 이구치 부인이 정좌한 형태로 입관되었음을 암시하는 연출로, 에도 시대의 장례 문화를 사실적으로 재현한 장면이라 할 수 있습니다.

고령화 사회 일본의 또 다른 고민, 길어진 화장 대기 시간

 가나가와현 치가사키시 神奈川県 茅ケ崎市 에 거주하는 40대 여성 A씨는 2023년 2월, 94세의 할머니를 떠나보냈습니다. A씨는 고령인 부모님을 대신해 장례 절차를 맡았고, 장례식 없이 화장장에서 직접 고인을 보내는 방식[15]을 선택했는데요. 그러나 화장장 예약을 하려던 순간, 화장장 이용 예약이 이미 마감되어 있었고 가장 빠른 일정이 11일 후라는 안내를 받게 됩니다.

 시신 보관 비용으로 하루 약 1만 3천 엔이 추가되기 때문에 총 12일간의 보관 비용은 15만 엔, 우리 돈으로 약 150만원에 달했습니다. A씨는 보다 짧은 대기 기간을 가진 다른 지방의 화장장을 알아 보았으나, 이동 비용과 절차상 어려움으로 인해 결국 11일 후 예정된 일정에 따라 할머니를 보내드릴 수밖에 없었습니다.

 요코하마시 横浜市 에서는 2022년 한 해 동안 네 곳의 시

---

15 直葬. 장례절차를 생략하고 시신을 화장하는 장례 방식. 일본에서는 사망자가 친인척과의 관계가 끊긴 경우, 또는 가족이 없어 수습해 줄 사람이 없는 경우에 주로 이용됨.

영 화장장에서 약 3만 4천 건의 화장이 이루어졌습니다. 하지만 여전히 즉시 예약이 어려우며, 평균 대기 기간은 5~6일에 달하고 있습니다.

일본은 초고령 사회로 접어들면서 사망자 수가 급격히 증가하고 있습니다. 2023년 한 해 동안 일본에서 사망한 인구는 약 158만 명으로, 하루 평균 약 4,329명이 세상을 떠난 것입니다. 같은 해 한국의 전체 사망자 수[16] 약 35만 명 의 4.5배에 달하는 수치입니다. 이 통계를 보면, 일본의 고령화 속도가 얼마나 빠르게 진행되고 있는지 실감할 수 있습니다. 지자체별로 차이는 있지만, 대부분의 지역에서 화장장 하루 처리 가능 인원이 사망자 수를 따라가지 못하는 실정입니다. 그러다 보니 일본에서는 화장을 위해 장기간 대기해야 하는 경우가 점점 늘어나고 있습니다.

이러한 문제를 해결하기 위해 최근 일본에서는 '시체 호텔'이라 불리는 임시 시신 안치 시설이 새로운 비즈니스로 자리 잡고 있는데요. 원래 편의점용 냉장고를 제작하던 냉장 설비 제조업체들도 최근 시신 보관용 냉장고 주문이 급격히 증가하면서, 장례 산업으로까지 영역을 확장하는 추세라고

---

16 통계청 보도자료, 「2023년 사망원인통계 결과」.

합니다. 노령 사망자의 급격한 증가는 결국 화장장 부족, 장례 절차 지연, 시신 보관 시설의 필요성 증가로 이어지고 있습니다.

고령화 문제는 일본만의 이야기가 아니죠. 이는 조만간 우리 사회도 직면하게 될 현실적인 숙제일 텐데요. 화장장 증설과 장례 인프라 확충을 미리 준비하지 않는다면, 일본처럼 긴 대기 기간과 높은 장례 비용 부담이 우리에게도 큰 숙제가 될 가능성이 높습니다.

다가오는 고령화 시대, 그리고 현실이 된 인구 감소 시대에 우리는 어떤 준비를 해야 할까요?

Episode. 10

제식훈련 장면에 등장하는 대포는 실존했는가?

· 강무소 안에서 실시된 서양식 야포 사격술 교육
· 사근산포 발사 장면의 디테일한 고증과 촬영 당시의 에피소드

Episode. 10

제식훈련 장면에 등장하는 대포는 실존했는가?

강무소 안에서 실시된 서양식 야포 사격술 교육

'숨겨진 검 오니노츠메'에서는 서양식 제식 훈련을 받는 우나사카번 사무라이들의 모습이 자주 등장합니다. 영화에서는 강무소[1]에서 에도 막부로부터 파견된 교관에게 서양식 야포 사격술을 배우는 우나사카번 사무라이들의 모습이 그려지는데요. 이론 교육 중 탄젠트 tangent, 쿼드란트 quadrant 와 같은 용어가 등장하자 도무지 알아듣지 못해 당황하는 사

---
1 講武所(코오부·쇼).

무라이들의 모습이 유머러스하게 묘사됩니다.

강무소는 에도 막부가 막부 말기에 설립한 무예 훈련 기관으로, 기마술, 검술, 창술, 포술 등의 군사 훈련을 지도하기 위해 마련된 시설이었습니다. 주로 막부의 기병과 보병 양성을 담당하는 역할을 했으며, 신식 무기와 서양식 군사 전술을 도입하는 창구로 활용되었습니다.

에도 이외의 지역에서도 유사한 무예 훈련 시설이 존재했는데요. 예를 들어, 히로시마번 広島藩 에서는 아키 강무소 安芸講武所 를 설립하여 사무라이들에게 검술과 포술 등의 군사 훈련을 실시하였습니다. 우나사카번의 모티브가 된 쇼나이번에는 강무소라는 명칭의 무예 훈련소는 존재하지 않았지만, 번교 藩校 인 치도관 致道館 을 비롯한 독자적인 무예 훈련 기관을 운영하며 병력을 양성하고, 서양식 군제를 도입하려는 움직임이 활발하게 이루어지고 있었습니다.

따라서, '숨겨진 검 오니노츠메'에서는 강무소라는 단어를 보통 명사화하여 사용하고 있으며, 실제 에도 막부의 강무소뿐만 아니라, 당시 각 번에서 이루어진 서양식 군사 훈련 전반을 포괄하는 의미로 표현하고 있다고 볼 수 있습니다.

[숨겨진 검 오니노츠메] 대포 제원도를 펼쳐 두고 교육 중인 모습.

이 교육 장면에서는 정확히 클로즈업되지는 않지만, 대포의 제원이 그려진 커다란 종이를 바닥에 두고 대화가 오가는 모습이 연출되는데요. 영화 속에서 지속적으로 등장하는 이 포는 사근산포[2]로 불리는 대포입니다. 사근산포는 1859년 프랑스에서 개발된 전장 라이플식 청동제 경량포로, '사근'이란 4kg의 무게를 의미하고 '산포'란 문자 그대로 산악지대 또는 정돈되지 않은 도로 등 보통의 야포가 성능을 발휘하기 어려운 지형에서도 공격력을 보여줄 수 있는 포를 뜻합니다. 사근산포는 막부 말기 일본에 도입되어, 보신전쟁으

---
2 四斤山砲(욘킨·산포오).

로부터 세이난전쟁에 이르기까지 주요 야전포로 사용된 무기였습니다.

처음에는 네덜란드로부터 관련 정보를 입수한 후 수입이 시작되었으며, 이후 막부 육군[3] 뿐만 아니라 사츠마번 등 여러 번에서도 서양식 야전포로 도입하였습니다. 단순히 해외에서 수입하는 것에 그치지 않고 일본에서는 1864부터 사근산포의 복제 생산이 시도되었는데요.

막부 직영 공장인 세키구치 제조소[4]와 사츠마번의 집성관[5]에서 자체 생산이 진행되었습니다. 일본에서 사근산포가 최초로 실전에 투입된 사례는 1866년 제2차 쵸슈 정벌 당시로, 막부 육군이 이를 운용하였습니다. 사근산포가 막부 말기 이후에도 상당 기간 일본에서 주요 야전포로 자리 잡게 된 배경에는 다음과 같은 요인이 있었습니다.

첫 째, 사근산포는 경량화된 분해식 구조를 갖추고 있어, 산지가 많은 일본의 지형 특성과 부실했던 도로망에 적

---

3 幕府陸軍(바쿠후·리쿠군).
4 関口製造所(세키구치·세이조오·쇼). 도쿠가와 막부가 막부 말기 설치한 병기 제조 공장.
5 集成館(슈우·세이·칸). 1851년, 번주(藩主) 시마즈 나리아키라(島津斉彬)에 의해 설립된 사츠마번의 근대적 공업단지.

합했으며, 인력으로도 이동할 수 있었기 때문에 군마 부족 문제를 해결할 수 있는 야포였습니다.

둘 째, 청동으로 제작되어 철제 대포보다 제조가 용이했고 재료가 되는 청동은 일본 국내에서 비교적 쉽게 조달할 수 있었습니다.

셋 째, 사근산포는 전장식 야포였지만 발사 속도를 제외하면 최신 후장식 야포와 비교해도 성능 면에서 크게 뒤쳐지지 않았습니다. 사근산포의 주요 제원은 아래와 같습니다.

- *중량 : 218kg, [포신 중량 : 100kg]*
- *총 길이 : 0.96m*
- *구경 : 86.5mm*
- *앙각 : -9° ~ +16°*
- *장전 방식 : 전장식*
- *최대 사거리 : 2,600m*

아래 그림은 영화 '숨겨진 검 오니노츠메'에서 사용하기 위해 제작된 사근산포 제원도입니다. 영화에서는 스쳐 지나가는 장면 속에서 일부 그림만 등장하지만, 소품으로 제작된 제원도는 실제 역사적 고증을 충실히 반영하고 있으며, 앞서 설명한 사근산포의 정확한 제원이 기록되어 있습니다.

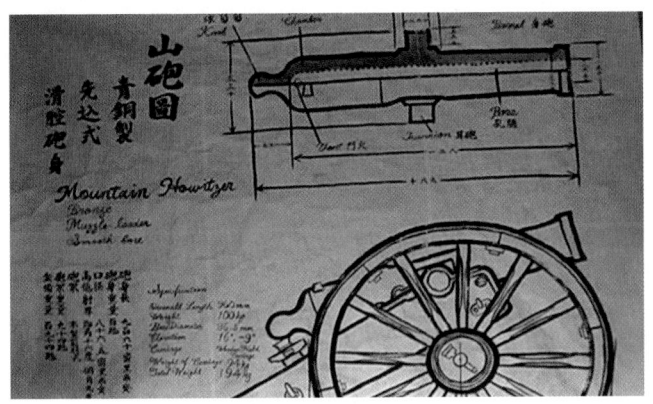

[숨겨진 검 오니노츠메] 영화에서 사용하기 위해 제작된 사근산포 제원도.

사근산포 발사 장면의 디테일한 고증과 촬영 당시의 에피소드

영화에서는 주인공 카타기리 무네조와 그의 동료들이 번주 앞에서 사근산포 발사 시연을 하는 장면이 등장합니다. 그러나 발사 직후, 강한 반동으로 인해 대포가 급격히 후진하며 사무라이들이 넘어지는 모습이 코믹하게 연출되었는데요. 단순한 유머 장면으로 볼 수도 있지만, 이는 역사적으로도 사실에 부합하는 연출입니다. 사근 산포는 경량화를 목표로 설계된 야전포였으며, 주퇴기 recoil mechanism [6]가 설치되어 있지 않았기 때문에 반동을 효과적으로 제어하기 어려운 특징이 있었습니다.

[숨겨진 검 오니노츠메] 발사 후 반동으로 인해 밀려나는 사근산포.

6 駐退機(츄우·타이·키).

주퇴기란 대포를 발사할 때 발생하는 강한 반동을 흡수하고 완화하는 장치로, 사근산포에는 이러한 장치가 없어, 별도로 반동 완화를 위한 조치를 취하지 않으면 발사 후 포가 심하게 뒤로 밀려날 수 있었습니다. 이러한 점을 고려하면, 영화 속 장면은 단순한 연출이 아니라, 시대적 사실을 충실히 반영한 장면이라고 볼 수 있습니다.

이 장면은 영화 속 우나사카번의 실제 무대가 된 야마가타현 츠루오카시를 흐르는 아카가와 강 赤川 어귀에서 촬영되었는데요. 촬영을 위해 츠루오카시 관광물산과 鶴岡市 観光物産課 의 협조를 받았으며, 지역 주민 100여 명이 엑스트라로 출연하여 리얼리티를 더했습니다. 촬영 전, 포 발사 후 반동 실험을 여러 차례 진행하며 사실적인 연출을 구현하려 했다는 점도 높게 평가받을 수 있는 부분입니다.

많은 준비를 마친 촬영 당일, 갑작스러운 비로 인해 일정이 일주일간 연기되는 해프닝이 발생했는데요. 특히 100명 이상의 지역 주민이 엑스트라로 출연했던 만큼, 모두가 모일 수 있는 시간이 주말뿐이었기에 결국 다음 주말까지 기다려 촬영에 임할 수밖에 없었다고 합니다.

이 모든 요소들이 어우러져, '숨겨진 검 오니노츠메'는 단순한 시대극을 넘어, 역사적 사실과 드라마적 재미를 동시에 갖춘 작품이 되었다는 점에서 더욱 의미 있는 영화라고 할 수 있습니다.

Episode. 11

제식훈련 행진 중, 사무라이가 실소한 이유는?

· 걷는 방법의 문화 충돌 '난바 걷기'란 무엇인가?
· '난바 걷기'의 전통 기술을 적극적으로 활용한 운동 선수들

Episode. 11

제식훈련 행진 중, 사무라이가 실소한 이유는?

걷는 방법의 문화 충돌 '난바 걷기'란 무엇인가?

앞서 말씀드린대로 '숨겨진 검 오니노츠메'에서는 서양식 제식 훈련을 받는 우나사카번 사무라이들의 모습이 다양한 장면을 통해 연출됩니다. 일반적으로 걷거나 달릴 때는 팔과 다리가 교차하는 것이 자연스러운 보행법입니다.

즉, 오른쪽 다리가 앞으로 나갈 때 왼쪽 팔이 함께 흔들리는 방식이 가장 익숙한 보법이죠. 하지만, 영화에서는 영국식 제식 훈련을 지도하는 교관이 사무라이들에게 이 보법을 가르치며 답답해하는 장면이 등장합니다. 반대로, 우나사카번 사무라이들은 이 보법을 제대로 습득하지 못하고 어색해하며 어려움을 겪는 모습이 그려집니다.

[숨겨진 검 오니노츠메] 익숙하지 않은 보법 때문에
실소하는 사무라이들.

이 장면은 일본 역사에 대한 배경 지식이 없는 관객들에게는 다소 이해하기 어려울 수도 있는데요. 이는 에도 시대 사무라이들의 걷는 방식이 현대적인 보행법과 전혀 달랐다는 설을 기반으로 한 연출이기 때문입니다.

즉, 일반적으로 우리가 걷거나 달릴 때는 팔과 다리가 교차하여 움직이는 것이 자연스럽다고 인식하지만, 에도 시대 사무라이들은 오른쪽 다리가 나갈 때 오른쪽 팔이 함께 움직이고, 왼쪽 다리가 나갈 때 왼쪽 팔이 따라 움직이는 방식을 자연스러운 보행법으로 여겼다는 것입니다.

영화에서는 이러한 보행 방식의 차이를 다소 과장된 형식으로 표현함으로써 '보법의 문화 충돌'을 강조합니다. 마치 고문관이라 불리는 훈련병의 보법과 다를 바 없는 어색한 걸음걸이지만, 에도 시대 당시에는 일반적인 보행 방식으로 인식되고 있었다는 점을 보여주기 위한 기호 요소라고 이야기할 수 있습니다.

오른손과 오른발, 왼손과 왼발을 각각 동시에 내딛는 독특한 이 보행 방식을 '난바 걸음'[1]이라고 합니다. 에도 시대 일본에서 이 난바 걸음이 널리 사용되었다는 설이 존재하며, 이는 일본의 고무술 연구가인 코오노 요시노리[2] 씨의 연구를 통해 일반 대중에게 알려지기 시작했습니다.

일부 연구자들은 에도 시대 이전의 일본에서는 난바 걸음이 보편적인 보행 방식이었으나, 메이지 시대 이후 서양식

1　ナンバ歩き(난바·아루키).
2　甲野善紀(1949~). 일본의 전통 무술을 중심으로 한 신체기법 및 고무술 연구가.

생활양식이 도입되면서 점차 사라졌다는 주장을 제기하고 있습니다. 그러나, 근대 이전 일본인의 걷는 방식에 대한 명확한 사료가 부족한 만큼, 난바 걸음이 실제로 일반적이었는지에 대한 논란도 여전히 존재합니다.

스즈키 하루노부의 우키요에 작품.

난바 걸음의 흔적을 발견할 수 있는 대표적인 자료 중 하나가 에도 시대를 대표하는 판화, 우키요에입니다. 위 그림은 에도 시대 중기의 우키요에 화가, 스즈키 하루노부[3]의 작품으로, 등장인물의 걷는 모습에서 같은 쪽의 팔과 다리가 동시에 앞으로 나오는 특징을 발견할 수 있습니다. 즉, 이들은 난바 걸음을 사용하고 있었다고 볼 수 있으며, 이러한 묘사는 난바 걸음이 과거 일본에서 널리 행해졌다는 설을 뒷받

---

3 鈴木春信(1725(?)~1770). 에도 시대 우키요에 화가(浮世絵師).

침하는 시각적 증거 중 하나로 해석되기도 합니다.

영화에서는 팔을 과장되게 흔드는 연출을 통해 난바 걷기를 강조하고 있지만, 전형적인 난바 걷기는 몸을 약간 앞으로 기울이고, 양손을 허벅지 위쪽에 붙인 채 몸을 비틀지 않고 바닥을 끌듯이 다리를 움직이는 형태라고 할 수 있습니다.

사무라이의 경우 두 자루의 칼을 차고 있었기 때문에, 상체를 크게 비트는 일반적인 보행 방식이 불편했을 가능성이 높습니다. 또한, 행상인들도 무거운 짐을 지고 이동해야 했기에, 몸을 최대한 흔들지 않는 보행법을 자연스럽게 채택했을 것으로 여겨집니다.

그러나, 막부 말기 일본을 방문한 서양인의 기록에서 일본인의 보행 방식이 독특했다는 묘사는 거의 찾아볼 수 없습니다. 또한, 에도 시대 일본인의 걷는 방식에 대한 구체적인 기록이 극히 드물기 때문에, 난바 걸음이 실제로 에도 시대의 일반적인 보행 방식이었는지는 일본 내에서도 논란이 계속되고 있습니다.

'난바 걷기' 오사카 워크샵 포스터.
[출처] 난바술 협회(ナンバ術協会).

즉, 난바 걸음이 과거 일본에서 널리 사용되었던 보행 방식이라는 주장과, 후대에 만들어진 해석일 가능성이 있다는 반론이 공존하는 상황입니다.

그러나, 에도 시대에 실제로 난바 걷기가 존재했는지에 대한 의문과는 별개로, 난바 걷기는 오히려 현대에 들어와 신체 교정 기법 중 하나로 자리잡으며 지속적으로 발전하고 있습니다.

토호학원 대학 桐朋学園大学 의 야노 타츠히코 矢野龍彦 교수는 난바술 협회[4]를 설립하고, 다양한 분야의 연구자 및 회원들과 함께 난바 걷기의 지도자 과정까지 개설하며 그 우수성을 널리 알리고 있습니다.

야노 교수는 난바 걷기의 운동학적 연구를 통해 현대인에게 적합한 보행법으로 발전시키는 데 주력하고 있는데요.

4 ナンバ術協会(난바·쥬츠·쿄오카이).

그는 다음과 같이 주장합니다.

"어린아이와 노인은 특별한 지식 없이도 본능적으로 난바 걷기를 하며, 몸과 대화하면서 안전하게 걷는 방법을 스스로 터득한다. 하지만, 성인이 되어 현대적인 보행 방식을 배우면서 비효율적인 보행 습관이 자리 잡게 되고, 이는 오히려 신체에 부담을 주는 요인이 된다."

즉, 현대인의 잘못된 보행 방식이 무릎, 허리 통증 등의 신체적 문제를 유발하고 있다는 것입니다. 야노 교수는 난바 걷기의 특징과 장점에 대해 다음과 같이 강조합니다.

"난바 걷기는 상·하체를 비틀지 않고, 근력에 의존하지 않으며, 지면을 강하게 밀지 않는 방식이다. 이 덕분에 미끄러운 길에서도 균형을 잃지 않고 걸을 수 있으며, 노인과 어린이처럼 근력이 약한 사람들에게도 적합한 보행법으로 볼 수 있다."

난바 걷기는 단순한 보행법이 아니라, 신체 부담을 줄이고 균형을 유지할 수 있는 효과적인 보행 방식으로 해석될 수 있습니다. 야노 교수는 난바 걷기를 단순한 운동법이 아니라, 평생 동안 배워야 하는 '생애 교육'의 한 형태로 자리 잡아야 한다고 주장하고 있습니다.

'난바 걷기'의 전통 기술을 적극적으로 활용한 운동 선수들

일본의 스포츠 선수들 중에는 난바 걷기를 적극적으로 활용해 뛰어난 성과를 거둔 인물들이 있습니다.

그중 한 명이 바로 스에츠구 신고 末續慎吾 선수입니다. 1980년, 쿠마모토현에서 태어난 그는 2000년 시드니 올림픽과 2001년 세계 육상 선수권 대회 200m 부문에서 준결승에 진출하며 국제 무대에서 가능성을 인정받았습니다.

2003년, 대학을 졸업한 후 미즈노에 입사하며 본격적인 프로 선수 생활을 시작한 스에츠구는 같은 해 6월 일본 선수권 대회에서 200m 일본 신기록 20.03초를 수립하며 육상계의 주목을 받았습니다. 또한, 100m 경기에서도 10.03초를 기록하며 일본 역대 3위에 오르는 등, 단거리 종목에서 뛰어난 성과를 거두었습니다.

스에츠구 신고의 가장 큰 업적은 2003년 프랑스 파리에서 열린 세계 육상 선수권 대회 200m 경기에서 일본 선수 최초로 동메달을 획득한 것이었는데요. 당시 스에츠구는 에도 시대 비각[5]의 주법으로도 알려진 '난바 걷기'의 원리를 훈련에 도입하며, 기존의 스프린트 기술과 차별화된 주법을 연구하고 발전시켰습니다.

그는 무릎을 높이 들지 않고 최소한의 힘으로 한 걸음씩 착지하는 방식을 통해 에너지 손실을 최소화하면서 경기 후반부 스피드를 유지하는 데 성공했습니다. 그의 발놀림은 마치 바닥을 스치듯 자연스럽게 움직이는 듯한 형태로 묘사되며, 기존 스프린트 동작과는 차별화된 주법을 선보였습니다. 이를 통해 세계 육상 선수권 대회의 가장 경쟁이 치열한 종목 중 하나인 200m 경기에서 역사적인 쾌거를 달성하며 일본 육상 역사에 한 획을 그었습니다.

스에츠구가 적용한 동작이 전통적인 난바 걷기의 완전

---

5 飛脚(히·캬쿠). 편지, 금전, 화물 등을 수송하는 직업 또는 그 직업에 종사하는 사람.

한 형태는 아니었지만, 난바 걷기의 보법을 활용한 신체 감각을 훈련에 접목함으로써 주법의 효율성을 극대화할 수 있었습니다.

오늘날 난바 걷기는 단순한 보법을 의미하는 것이 아니라, 몸을 비틀지 않고 불필요한 힘을 쓰지 않으며, 상체의 흔들림을 최소화하는 움직임을 기본 원칙으로 하는 보다 광의적인 개념으로 발전하고 있습니다.

일본 프로야구를 평정하고 메이저리그에 진출해 타자로서 한 획을 그었던 스즈키 이치로 鈴木一郞 선수 역시 타격과 주루에서 '난바'의 움직임을 적극적으로 활용한 대표적인 사례로 꼽힙니다.

이치로는 오른발이 나가면서 몸의 중심이 자연스럽게 앞으로 이동하는 주루법을 통해 출발 반응 속도를 극대화할 수 있었으며, 이는 내야 안타 생산량 증가로 이어졌습니다. 또한, 배트를 지면과 평행하게 이동하는 방식으로 스윙하면서 빠르고 부드러운 타격이 가능했던 점도 난바식 신체 활용법과 연관이 있습니다.

다음으로, 일본 프로야구를 대표하는 투수였던 쿠와타 마스미 桑田真澄 선수의 사례를 살펴보겠습니다. 요미우리 자이언츠에서 오랫동안 활약하며 일본 야구계를 대표했던 그는 현역 후반기에 접어들며 경기력이 눈에 띄게 하락했고, 은퇴를 고민하던 시기에 난바 기법을 훈련에 적용했다고 합니다.

당시 근력 감소로 인해 전성기와 같은 빠른 공을 던지기는 어려운 상황이었지만, 난바식 신체 활용법을 적용하면서 공의 구위가 증가해 오히려 전성기보다 묵직한 공을 던진다는 평가를 받기도 했습니다.

쿠와타는 기존의 투구 방식에서 불필요한 힘을 줄이고 전신을 효율적으로 활용하는 방식으로 체중 이동을 최적화했습니다. 이를 통해 공에 더 많은 힘을 실을 수 있었으며, 팔의 부담을 줄이고 골격을 활용한 자연스러운 투구를 가능하게 했습니다. 전성기가 지난 노장 투수에게 가장 치명적인 요소는 부상인데, 쿠와타는 난바 기법을 통해 부상 위험을 최소화하면서 경기력을 유지할 수 있었습니다.

지금까지 '난바 걸음' 또는 현대적 해석을 기반으로 한 '난바 기법'을 도입해 성과를 낸 스포츠 선수들의 사례를 살펴보았습니다. 물론, 이들의 주장이 100% 과학적으로 검증되었다고 보기는 어렵습니다. 하지만, 난바 기법이 효율적인 신체 활용을 목표로 발전하고 있으며, 실제로 난바 기법을 도입한 후 경기력이 향상되었다는 사례가 존재하는 것 또한 사실입니다.

이러한 점을 종합적으로 고려할 때, 에도 시대부터 전해 내려온 난바 걷기는 단순한 전통 보법을 넘어, 현대 일본에서 지속적으로 발전하고 계승되고 있는 신체 활용법으로 자리 잡고 있다고 볼 수 있을 것입니다.

Episode. 12

낚시 장면에 숨겨진 문화 코드
- 쇼나이번의 낚시 문화 -

· 쇼나이번 사무라이에게 낚시는 전투 훈련이었다

Episode. 12

낚시 장면에 숨겨진 문화 코드
- 쇼나이번의 낚시 문화 -

쇼나이번 사무라이에게
낚시는 전투 훈련이었다

'황혼의 사무라이'에서는 주인공 이구치 세에베가 어린 시절부터의 친구[1]인 이이누마 린노죠 飯沼倫之丞 와 함께 낚시를 하며 대화를 나누는 장면이 반복적으로 등장합니다.

이러한 장면은 자칫 일반적인 배경 설정으로 보일 수도 있으나, 영화에서는 쇼나이번을 대표하는 낚시 문화를 꾸준

---
1 幼馴染み(오사나·나지미).

히 보여줌으로써 우나사카번이 에도 시대 쇼나이번을 모델로 하고 있음을 관객에게 자연스럽게 각인시키고 있습니다.

[황혼의 사무라이] 낚시를 즐기는 이구치 세에베와 그의 친구.

[무사의 체통] 성의 해자 인근에서 낚시 중인 어린 소년들.

에도 시대 쇼나이번에서는 갯바위 낚시[2]가 성행했습니다. 번은 오랜 평화 속에서 무사들의 무예 정신이 희미해지는 것을 우려하여, 갯바위 낚시를 장려함으로써 상무 정신을 유지하려 하였습니다.

이는 단순한 여가 활동이 아니라, 인내와 집중력을 기르고, 자연 속에서 몸과 마음을 단련하는 수단으로 여겨졌습니다. 그 기원은 명확하지 않으나, 1716년에 기록된 쇼나이번 사무라이 토요하라 시게미치[3]의 일기[4]에는 다음과 같은 내용이 등장합니다.

"어느 가을날, 아베 형제의 초대를 받아 갯바위 낚시를 하러 갔다. 그곳에서 타쿠에몬이라는 사람의 집에서 하룻밤을 묵고, 다음 날 아침 다시 낚시에 나선 후 돌아왔다."

이 기록을 통해 갯바위 낚시가 단순히 일부 상급 무사들의 전유물이 아니라, 일반 무사들 사이에서도 행해지고 있었음을 알 수 있습니다.

---

2 磯釣り(이소·즈리).
3 豊原重軌(1681~1751). 가록 200석의 쇼나이번 번사(藩士).
4 流年録(류우·넨·로쿠).

이후 1718년에는 당시 번주였던 사카이 타다자네[5]가 직접 낚시를 즐겼다는 기록이 남아 있으며, 이를 기점으로 갯바위 낚시는 쇼나이번 무사 계층 전반에 걸쳐 보편화된 것으로 추정됩니다.

쇼나이 갯바위 낚시 그림. 작자 미상. 치도박물관 소장.

낚시를 위해 츠루가오카성 鶴ヶ岡城 에 모인 쇼나이번 사무라이들은 약 20km 떨어진 쇼나이 백사장[6]까지 긴 낚싯대를 메고 한밤중부터 산을 넘어 도보로 이동해야 했습니다. 이러한 과정은 단순한 유희가 아니라, 체력과 담력을 기르는 훈련의 일환이기도 하였습니다. 또한, 낚시에서 잡은 물고기는 '승부'[7]라 불리며 경쟁의 대상이 되었으며, 실수로 바다에

---

5 酒井忠真(1671~1731). 쇼나이번 4대 번주.
6 庄内浜(쇼나이·하마).
7 勝負(쇼오부).

빠져 다치면 감봉과 같은 엄격한 처벌을 받는 등 낚시는 단순한 오락이 아닌 일종의 무사 수행으로 여겨졌습니다.

쇼나이번의 군학 사범이자 번교 치도관의 강사였던 아키호 치카토모 秋保親友 는 자신의 일기[8]에서 다음과 같이 기록했습니다.

"명낚싯대는 명검보다 얻기 어렵다. 후손들은 이를 함부로 다루어서는 안 된다. 낚싯대에는 상중하 세 가지 품질이 있으며, 그중에서도 명대[9], 미대[10], 곡대[11]가 있다."

이 기록을 통해 쇼나이번 무사들이 좋은 낚싯대를 명검 이상의 가치를 지닌 도구로 여겼음을 알 수 있습니다. 무예의 궁극을 향해 수련하는 것을 '무도'라고 하듯이 쇼나이번에서는 "낚시 기술의 궁극을 갈고 닦으라"는 의미로 '조도'[12]라는 용어를 사용하며 낚시를 장려하였습니다.

---

8 野合日記(야고오·닛키).
9 名竿(메이·자오). 명인이 만든 낚싯대. 외관과 실용성에서 모두 뛰어난 낚싯대.
10 美竿(비·자오). 아름답게 마감된 낚싯대. 모양과 색 조합이 아름답고 겉보기에 완성도가 높은 낚싯대.
11 曲竿(마가리·자오). 적당히 구부러져 있고, 휨에 강한 낚싯대.
12 釣道(츠리·도오).

쇼나이 낚싯대[13]는 다른 지역에서 제작된 낚싯대와 차별화된 특징을 가지고 있었습니다. 쇼나이 지역 특산 대나무[14]를 사용해 하나의 통대로 제작되었으며, 일반적으로 다른 지역의 낚싯대가 대나무 껍질을 벗겨 실을 감고 옻칠로 보강하는 방식이었던 반면, 쇼나이 낚싯대는 대나무의 원래 결을 살리는 방식으로 제작되었습니다. 또한, 대나무 뿌리 부분의 아름다움을 강조하여 자연미를 살린 것이 특징이었습니다.

전시되어 있는 쇼나이 낚싯대. 치도박물관 소장.

흥미로운 점은 쇼나이번 사무라이들이 직접 낚싯대를 제작해야 했다는 점입니다. 명검을 자랑하듯 명낚싯대 또한 쇼나이번 사무라이들에게는 자존심의 상징이었습니다. 쇼

---

13 庄内竿(쇼나이·자오).
14 苦竹(니가·다케).

나이 낚싯대의 형식과 특징을 완성한 인물은 스야마 운페이[15]로, 그는 기술 장인이 아닌 쇼나이번의 무사였습니다.

그러나 1950년대 이후 유리섬유 강화플라스틱 FRP 제품의 낚싯대가 보급되기 시작하였으며, 1970년대부터는 탄소섬유 강화플라스틱 CFRP 낚싯대가 등장하면서 제작에 많은 시간이 소요되고 가격이 비싼 대나무 낚싯대의 수요는 급격히 감소하였습니다.

현재 쇼나이 낚싯대는 여전히 제조 및 판매되고 있지만, 이러한 시대적 변화 속에서 전통을 계승하는 인원은 줄어들었습니다. 현재 남아 있는 마지막 기술 계승자인 토키와 케이이치 씨가 명맥을 유지하고 있을 뿐입니다.

쇼나이 낚싯대 또한 언제 그 기술이 단절될지 알 수 없지만, 낚시와 낚싯대에 대한 깊은 열정을 지녔던 쇼나이번의 역사적 배경을 떠올리며, 영화 속 장면들을 다시 한 번 되새겨 보시기 바랍니다.

---

15 陶山運平(1809~1885).

 동영상으로 보고싶어요.

 쇼나이번 사무라이에게 낚시는 전쟁이었다.

Episode. 13

식사 장면에 숨겨진 기호
- 쇼나이번의 향토 요리 -

· 쇼나이번의 계절 풍물시, 대구탕
· 쇼나이번의 전투식량, 말린 대구
· 쇼나이번의 향토 요리, 물토란 줄기 조림

Episode. 13
식사 장면에 숨겨진 기호
- 쇼나이번의 향토 요리 -

쇼나이번의 계절 풍물시, 대구탕

 시대극 3부작에서는 가족들이 함께 식사하는 장면이 자주 등장하며, 이러한 연출은 가족의 유대와 시대적 분위기를 자연스럽게 강조하는 중요한 장치로 활용됩니다. 특히, 이 영화들의 원작 소설에서는 가상의 무대, 우나사카번이 쇼나이번을 모티브로 만들어졌음을 암시하는 기호로 향토 음식이 종종 등장합니다.

'황혼의 사무라이' 초반부에서 주인공 이구치 세에베가 근무를 마치고 집으로 돌아와 버선을 벗으며 음식을 준비 중인 첫째 딸 카야노에게 자연스럽게 말을 건넵니다.

"카야노, 오늘 저녁은 대구탕¹이냐?"

[황혼의 사무라이] 저녁 식사로 대구탕을 준비 중인 카야노.

비슷한 장면이 '숨겨진 검 오니노츠메'에서도 나타나는데, 주인공 카타기리 무네조와 그의 어머니, 여동생 시노, 그리고 훗날 시노의 남편이 되는 시마다 사몬 島田左門 이 한자리에 둘러앉아 식사를 하는 장면에서 역시 대구탕이 등장합니다.

---

1   どんがら汁(동가라·지루).

평범한 일상을 묘사한 이 장면들은 쇼나이번을 대표하는 향토 음식인 대구탕을 자연스럽게 소개하며, 실제 쇼나이지역의 음식 문화를 은연중에 드러내고 있습니다.

[숨겨진 검 오니노츠메] 대구탕으로 식사 중인 카타기리 무네조 가족.

대구는 겨울철 눈 내리는 시기에 가장 맛이 좋은 생선으로 알려져 있습니다. 특히 야마가타현 쇼나이 지역에서는 24절기 중 대한에 해당하는 1월 중순부터 2월 초까지 잡히는 대구를 특별히 겨울 대구[2]라 부릅니다. 이 시기 산란을 위해 연안으로 몰려드는 겨울 대구를 저인망으로 어획하는 '겨울 대구 잡이'[3]는 지역의 큰 행사 중 하나입니다.

---

2 寒ダラ(칸·다라).
3 寒鱈漁(칸·다라·료오).

갓 잡은 신선한 겨울 대구는 회로 먹거나 다시마 절임[4], 된장 절임[5], 술지게미 절임[6] 등 다양한 방법으로 즐기는데요. 특히 대구의 '이리'[7]는 부드럽고 진한 맛으로 최근 초밥 재료로도 인기를 얻고 있습니다.

쇼나이 지역을 대표하는 겨울 풍물시, 대구탕 (동가라·지루).
[출처] 농림수산성 홈페이지.

쇼나이의 대표적인 향토 요리인 대구탕은 본래 어부들이 바닷가에서 간단하게 끓여 먹던 어부 요리에서 유래하였습니다. 쇼나이 대구탕의 특징은 대구를 뼈째 큼직하게 토막 내어 내장까지 넣고 끓이는 것으로, 특히 간과 이리가 국물의 깊고 풍부한 감칠맛을 더하는 핵심 재료입니다. 대구 본

---

4 昆布締め(콘부·지메).
5 味噌漬け(미소·즈케).
6 糠漬け(누카·즈케).
7 白子(시라코).

연의 맛을 살리기 위해 대파를 넣지 않고 돌김[8]만 곁들이는 것이 쇼나이 대구탕의 전통입니다.

2025년 2월 8일, 야마가타시에서 열린 '겨울 대구 축제' 홍보 포스터.
[출처] 야마가타현 홈페이지.

쇼나이 지역에서는 매년 겨울이면 사카타시 酒田市 와 츠루오카시 鶴岡市, 쇼나이 마을[9]을 중심으로 '겨울 대구 축제'[10]가 개최되어, 이 지역의 전통적인 겨울 별미를 경험하려는 관광객들로 북적입니다.

---

8 岩のリ(이와·노리).
9 庄内町(쇼나이·마치).
10 寒鱈祭り(칸·다라·마츠리).

쇼나이번의 전투식량, 말린 대구

'황혼의 사무라이'에서는 우나사카번 번주가 전투식량 저장 창고[11]를 시찰하는 장면에서 말린 대구가 언급됩니다. 농성전 등 번 내에서 전쟁이 발발했을 때를 대비해 식량을 저장해 둔 장소인데요. 번주 수행원이 이구치 세에베에게 "말린 대구는 몇 년간 보존할 수 있냐"고 묻자, 이구치 세에베는 "5년에서 10년 정도 가능하다"고 답합니다.

[황혼의 사무라이] 식량 저장 창고를 시찰 중인 번주.

에도 시대 당시 홋카이도에서 야마가타현 사카타항으로 들여온 말린 대구[12]는 모가미강 最上川 을 따라 야마가타시 山

---
11 兵糧蔵(효오로오·구라).
12 棒鱈(보오·다라).

形市와 요네자와시 米沢市 등 내륙 지역으로 운반되었고, 가볍고 장기 보관이 가능하여 명절이나 특별한 날에 사용되었으며, 생선을 쉽게 구할 수 없었던 내륙 지역에서는 귀한 단백질 공급원으로 활용되었습니다.

모가미강 하류의 사카타 항구. 야마가타현 사카타시.

말린 대구는 매우 단단한 건어물이기 때문에 말린 상태로 직접 섭취하기는 어렵고, 하룻밤 동안 물에 충분히 불린 후, 오랜 시간 천천히 조려야 부드럽게 살과 뼈가 풀어져 먹을 수 있습니다.

쇼나이번의 향토 요리,
물토란 줄기 조림

'무사의 체통'에서는 직접적으로 대구와 관련된 요리가 등장하지는 않지만, 쇼나이번을 대표하는 향토 요리를 짧게나마 언급하는 의미 깊은 장면이 나옵니다.

영화의 마지막 부분에서, 눈이 보이지 않는 주인공 미무라 신노죠가 조용히 식사를 하고 있을 때 그의 충직한 하인 토쿠베가 신중한 동작으로 반찬을 집어 신노죠의 밥그릇 위에 놓아줍니다. 그때 토쿠베는 조용히 이렇게 말합니다.

"물토란 줄기 조림[13]입니다."

신노죠는 천천히 그 맛을 음미하는 순간, 그 반찬이 자신이 오해하여 집에서 쫓아낸 아내가 만든 것임을 곧바로 알아차립니다. 이때의 물토란 줄기 조림은 단순한 반찬이 아니라, 부부의 갈등과 화해, 그리고 용서와 사랑이라는 깊은 정서를 담은 상징적 음식으로 등장합니다. 결국 신노죠는 자신의 실수를 깨닫고 아내를 끌어안으며 영화는 잔잔한 감동과

---

13 芋がらの煮物(이모·가라·노·니모노).

여운을 남기며 막을 내립니다.

이렇게 중요한 역할을 한 물토란[14]은 쇼나이 지역에서 오래 전부터 전해 내려오는 지역 특산물로, 일반적인 토란[15]과는 다르게 미끈거림이 없고, 오랜 시간 익혀도 형태가 무너지지 않는 견고한 질감을 지닌 식재료입니다.

[무사의 체통] 신노죠에게 '물토란 줄기 조림' 반찬을 올려주는 토쿠베.

알줄기는 진하고 치밀한 점질의 식감과 부드러운 맛을 자랑하며 주로 조림이나 국물 요리에 사용됩니다. 줄기는 참깨 무침이나 나물로 즐기기도 하고, 줄기를 말려 만든 시래기[16]는 뜨거운 물로 문질러 씻은 후 불려 떡국이나 낫토국의

---

14 からとり(카라토리).
15 里芋(사토·이모).
16 芋がら(이모·가라).

훌륭한 재료로 활용됩니다.

쇼나이 지역 사람들에게 물토란은 큰 잎 부분을 제외하고 알줄기와 잎자루까지 버릴 것 없이 먹을 수 있는 귀한 식재료로 널리 사랑받아 왔습니다. 가을철에 수확되며, 추운 겨울을 대비한 저장 식품으로도 가치가 높습니다. 말린 물토란 줄기 시래기는 통풍이 잘 되는 그늘에서 천천히 건조해 일 년 내내 국물 요리의 재료로 쓰이며, 이 지역 주민들의 소중한 겨울나기 음식으로 자리 잡았습니다.

이처럼 시대극 3부작에서는 대구탕과 말린 대구, 그리고 물토란 줄기 조림과 같은 쇼나이 지역의 특산물을 효과적으로 등장시킴으로써 영화 속의 가상 무대, 우나사카번이 실은 에도 시대 쇼나이번을 모델로 탄생했음을 은연중에 관객들에게 전달하고 있습니다.

Episode. 14

사무라이를 처음 봤다는 소녀, 사실일까?

· 에도 시대 하인들의 근무 형태
· 키에의 여동생이 사무라이를 보고 당황할 수밖에 없었던 이유

Episode. 14

사무라이를 처음 봤다는 소녀, 사실일까?

에도 시대 하인들의 근무 형태

'숨겨진 검 오니노츠메'에서 마츠 타카코[1]가 연기한 여주인공 키에는 농촌 출신으로 사무라이 가문인 카타기리 무네조의 집안에 하인으로 들어와 오랜 기간 가문을 위해 집안일을 도맡아 하는 인물로 그려지고 있습니다.

근세 일본에는 금전의 대가로 팔려 오거나 일반적인 형태로 고용되어 사무라이 가문 또는 상인 가문의 호적에 등록

---
[1] 松たか子(1977~). 일본의 배우, 가수, 성우.

된 후 부엌일과 가사 잡일을 도맡아 하는 하녀[2]가 있었습니다.

에도 시대 초기, 하녀와 주인 가문은 봉건적 주종관계였으며, 주종 간 충성이 요구되었습니다. 이들의 관계는 법적 규제의 범위 바깥에 있었고, 주인 부부에게는 하인들에 대한 사적 제재권이 주어졌습니다.

에도 시대 중기에 이르자 대도시를 중심으로 부유한 상인 가문이 부상하면서 가업 확장과 함께 근교 농촌 출신 여성을 하녀로 고용할 수 있는 기반이 형성되었습니다. 성별에 관계 없이 촌장, 상인 가문, 사무라이 가문 등 큰 저택에서 일하는 하인들은 인력 사무소[3]의 중개를 받아 매년 3월 5일[4]에 새로운 고용주 가정으로 들어가 일하는 것으로 되어 있었습니다. 물론 고용주와 피고용인이 서로 원하면 계약을 연장할 수도 있지만, 고용주가 더 이상 필요 없다고 결정하면 피고용인은 일자리를 잃고 집에서 나가게 됩니다.

반년 계약으로 일하는 경우에는 6개월마다 인력이 교체

2　女中(죠·츄우).
3　口入れ屋(구치·이레·야).
4　出替わりの日(데·카와리·노·히).

되기 때문에, 가을인 9월 5일에도 같은 과정이 이루어집니다. 이러한 단기 계약 근무 형태는 17세기 후반, 상인 계층의 발전과 더불어 새롭게 생긴 문화였는데요. 6개월 계약은 주로 부유한 상인 가문의 딸들이 무가 저택에 들어가 일을 하면서 이 경력을 바탕으로 친정에 돌아가 좋은 혼처를 만나 결혼하는 것이 주요 목적이었습니다.

한편, 유흥업에 종사하는 여성의 경우 일반적으로 10년이 계약기간이었지만, 상황에 따라 계약기간은 다양하게 정해졌습니다.

현대의 비정규직 노동자처럼, 고용된 하인들도 본인이 원한다고 해도 3월 5일에 계약이 갱신되지 않으면 근무처를 떠나야 했고, 이후 생계가 매우 어려워지는 경우가 많았습니다. 특히 먹고살기 힘든 빈곤한 농가에서는 식구 수를 줄이기 위해 자녀들을 도심으로 보내 일하게 하는 경우가 흔했기 때문에, 평지가 부족하고 특산물도 없었던 사가미[5] 지역이나 아와[6] 지역 출신의 여성들이 가까운 대도시인 에도에서 하녀로 일하는 사례가 흔했습니다.

---

5 相模. 지금의 카나가와현(神奈川県) 일대.
6 安房. 지금의 치바현(千葉県) 남부 일대.

키에의 여동생이 사무라이를 보고 당황할 수밖에 없었던 이유

'숨겨진 검 오니노츠메'에서 주인공 카타기리 무네조의 집에서 어린 시절부터 하녀로 일해 온 키에는 악덕 상인 가문에 시집갔다가 파혼한 뒤 친정으로 돌아옵니다. 이 과정에서 이전 주인 가문이었던 카타기리 무네조의 집에서 요양을 하게 되는데요. 언니의 건강이 나빠졌다는 소식을 듣고 백성[7] 신분인 여동생 오붕이 카타기리 무네조의 집을 방문합니다.

[숨겨진 검 오니노츠메] 사무라이를 처음 보고 당황한 키에의 여동생.

언니를 대신해 집안일을 돕던 오붕은 얼마 지나지 않아

---

7 百姓(햐쿠·쇼오). 에도 시대 신분 계급 중 하나로, 주로 농촌에서 농사를 짓는 계층을 의미함.

외출 후 돌아온 카타기리 무네조와 마주치게 됩니다. 두 자루의 칼을 차고 있는 사무라이의 모습을 처음 본 오붕은 몹시 당황하여 땅에 무릎을 꿇고 머리를 조아리다가 급히 도망가 버립니다.

그날 저녁 식사 자리에서 키에는, 여동생이 사무라이를 가까이서 본 것이 처음이라 너무 두려운 나머지 그런 행동을 했다며 웃으며 설명합니다. 열 살 남짓으로 보이는 키에의 여동생 오붕은 왜 그 나이까지 사무라이를 한 번도 본 적이 없었던 걸까요?

오른쪽 그림은 1829년에 제작된 쇼나이번 성곽 마을[8]의 도시 구획도[9]입니다. 도시의 중심인 츠루가오카 성을 기준으로 사무라이 저택들이 성을 둘러싸듯 밀집해 있는 것을 알 수 있습니다. 진한 오렌지색으로 표시된 부분은 상인과 기술 장인[10]들이 거주하는 구역이며, 외곽의 청록색 구역은 백성들이 농사를 짓는 지역입니다. 영화의 마지막 장면에서 친정으로 돌아간 키에가 밭일을 하는 모습을 보여줌으로써, 키에와 오붕이 농촌 출신임을 알려줍니다.

8　城下町(죠오·카·마치).
9　鶴岡城下絵図(츠루오카죠오·시타·에·즈).
10　町人(쵸오·닌).

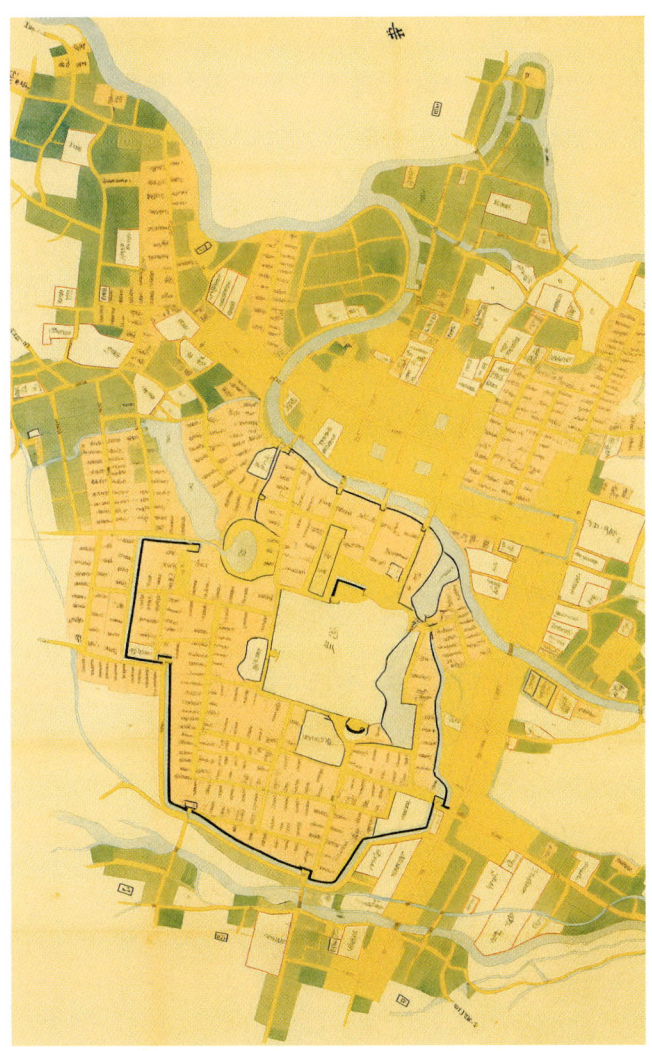

쇼나이번의 도시 구획도. 청록색의 외곽 지대가 농촌. (1829년)
[출처] 図録 庄内の歴史と文化.

즉, 쇼나이 번을 포함한 일본의 각 번은 신분에 따라 생활 구역이 명확히 나누어져 있었기 때문에, 농촌 출신인 키에와 그녀의 여동생은 사무라이 또는 상인 가문에 하녀로 고용되어 도시에서 일하지 않는 한 고향을 떠날 일이 없었습니다. 따라서 오붕이 사무라이를 처음 봤다는 설정은 단순히 영화적 상상이 아니라 역사적 사실에 근거한 기호적 장치로 이해할 수 있습니다.

Episode. 15

쇼나이번 교육의 중심, 번교 치도관과 '황혼의 사무라이'

· 쇼나이번 번교 치도관과 유교 사상
· '쇼나이 논어'와 '황혼의 사무라이'

Episode. 15

쇼나이번 교육의 중심, 번교 치도관과 '황혼의 사무라이'

쇼나이번 번교 치도관과 유교 사상

에도 시대 극초기의 무단통치적 기풍은 3대 쇼군 도쿠가와 이에미츠[1]가 집권하면서 변화하기 시작했습니다. 이 시기 도쿠가와 막부는 유교 사상을 적극적으로 도입하여 문치를 중시하는 사회로의 전환을 추진하였습니다.

이러한 변화의 일환으로 일본 각지에서는 번교藩校가 설립되기 시작했습니다. 1669년 히메지번의 번주, 이케다

---
1 徳川家光(1604~1651), 에도막부 3대 쇼군.

미츠마사[2]가 세운 오카야마 학교[3]는 일본 최초의 번교로 알려져 있습니다. 번교의 입학 연령과 학습 과정은 지역마다 다소 차이가 있었지만, 대개 7~8세 전후에 입학하여 먼저 문자를 익히고 이후 무예를 배우는 순서로 진행되었습니다. 보통 10대 중후반이 되면 졸업할 수 있었습니다.

야마가타현 츠루오카시에 위치한 쇼나이번 번교, 치도관.

번교는 각 번에서 자체적으로 비용을 조성하여 설립했기 때문에 학생들은 별도의 수업료를 낼 필요가 없었습니다. 특히 성적이 뛰어난 학생에게는 번에서 직접 학비와 경비를 지급하여 에도 유학을 장려하기도 했습니다.

---

2   池田光政(1609~1682). 히메지번 2대 번주.
3   岡山学校(오카야마·갓코오).

치도관[4]은 사무라이 본연의 기풍 회복과 상무 정신 고양을 목표로, 쇼나이 번의 제7대 번주 사카이 타다아리[5]에 의해 1805년 설립된 번교입니다. 일본 최초의 번교로 알려진 오카야마 학교와는 약 200년 가까운 시차가 있습니다. 본래 치도관은 현재의 JR 츠루오카역 인근에 위치했으나, 정치와 교육을 일치시켜야 한다는 방침에 따라 1816년 제8대 번주 사카이 타다카타[6]가 츠루가오카성 외곽에 있는 지금의 위치로 이전하였습니다. 당시에는 영지 변경이나 번의 정치 중심지가 이동할 때 번교도 함께 이전하는 사례가 종종 있었습니다.

약 4,500평에 달하는 광대한 부지에 다양한 시설을 갖추었던 치도관은 1873년 폐교될 때까지 약 70년간 운영되었습니다. 이곳에서는 에도 시대 중기의 유학자 오규 소라이[7]의 학풍을 계승하며 충효를 중시하는 무사도 정신을 갖춘 인재들을 다수 배출했습니다.

쇼나이번의 번교인 치도관은 생도 개개인의 천성을 존

---

4 致道館(치·도오·칸). 쇼나이번 번교.
5 酒井忠徳(1755~1812). 쇼나이번 7대 번주.
6 酒井忠器(1790~1854). 쇼나이번 8대 번주.
7 荻生徂徠(1666~1728). 에도 시대 중기의 유학자, 사상가.

중하고, 각자의 개성과 뛰어난 능력을 최대한 발휘할 수 있도록 이끌었습니다. 이를 통해 학생 스스로가 적극적으로 배우고 사고하여 얻은 지식을 실생활에 적용할 수 있도록 하는 것이 치도관의 핵심 교육 이념이었습니다.

메이지 유신 이후, 치도관은 츠루오카현 청사와 츠루오카 경찰서, 초등학교 등으로 활용되었습니다. 이후 1951년 국가 사적으로 지정되었으며, 1965년부터 본격적인 보존 수리 과정을 거쳐 1972년에 일반에 공개되었습니다.

치도관 안에 전시되어 있는 교육용 서적.

소라이학[8]은 후대의 주석서나 주역에 의존하지 않고 고대 중국의 원전인 고전 시구와 문장을 주체적이고 독자적으

---
8   徂徠学(소라이·가쿠).

로 해석하여 공자의 가르침을 직접 연구하는 학문으로, 고문사학[9]으로도 불립니다. 창시자인 오규 소라이는 에도에서 사설 학당을 열어 수많은 문하생을 길러냈습니다. 당시 에도에 주재하며 관직을 수행하던 쇼나이번 출신 유학자들 중 다수가 그의 문하에서 배움을 얻었고, 이는 소라이의 학풍이 쇼나이번에까지 전해지는 결정적 계기가 되었습니다.

특히 쇼나이 번의 제9대 번주 사카이 타다아리는 번정 개혁을 추진하는 과정에서 소라이학에 정통한 인물인 시라이 야다유[10]를 중용하였습니다. 시라이 야다유가 번정 개혁에서 두드러진 성과를 거두자, 타다아리는 그에 대한 깊은 신뢰와 더불어 소라이학을 번 정치에 실제로 유익한 학문이라 높게 평가하게 되었습니다.

---

9   古文辞学(코·분·지·가쿠).
10 白井矢太夫(1753~1812), 쇼나이번 중로(中老), 유학자.

'쇼나이 논어'와 '황혼의 사무라이'

　치도관 강당 안쪽에는 논어를 비롯쇼나이 번 사무라이들이 사용했던 다양한 학습서가 전시되어 있습니다. 강당은 매년 새 학기가 시작될 때 개학식 장소로 사용되었으며, 번주가 참근교대로 인해 쇼나이 번에 부재중일 때는 이틀에 한 번꼴로 번의 주요 인사들이 모여 정무를 논의하는 공간으로 활용되었습니다. 치도관은 약 11,000권에 이르는 풍부한 장서를 보유하고 있었는데요. 치도관에서는 사용한 교과서는 다음과 같습니다.

*효경 孝経 : 문답 형식으로 가족을 중심으로 한 도덕적
　　　　　　가르침을 담고 있는 서적
*논어 論語 : 공자와 그의 제자들의 언행과 사상을 기록한 서적
*모시 毛詩 : 중국에서 가장 오래된 시가를 수록한 시집
*상서 尚書 : 고대 중국의 정치와 행정에 관한 서적
*예기 礼記 : 고대 중국의 의례와 예절을 상세히 서술한 서적
*대학 大学 : 바람직한 정치의 이상과 인격 수양을 논한 서적
*중용 中庸 : 극단에 치우치지 않고 조화를 이루는 삶의 태도를
　　　　　　기술한 서적
*역경 易経 : 점을 통해 인간이 나아갈 길과 세상의 이치를

설명한 서적

* 사기 史記 : 중국의 태고 시대부터 한나라 시대까지의

　　　　　역사를 기록한 서적

* 한서 漢書 : 중국 전한 시대의 역사를 정리한 서적

* 맹자 孟子 : 맹자의 언행과 사상을 기록한 서적

* 춘추 春秋 : 중국 춘추시대의 역사를 정리한 서적

치도관에서 논어 읽기에 도전 중인 유치원생.
[출처] 2023년 3월 2일자, 쇼나이일보(庄內日報).

쇼나이 번 교육의 상징적 주제 중 하나는 바로 논어입니다. 논어는 쇼나이번에서 가장 널리 읽혔던 책 가운데 하나로, 치도관에서는 오늘날에도 어린이를 대상으로 인간성 교육을 위한 논어 읽기를 매년 실시하고 있습니다.

일본어에는 한자를 중국 발음에 가깝게 읽는 음독과 일본 고유의 방식으로 읽는 훈독이 있습니다. 쇼나이 지역에서는 일본의 다른 지역과는 달리 논어를 음독으로 읽는 경우가 많다고 합니다. 이는 쇼나이 지역 특유의 독자적인 논어 해석법에서 비롯된 것으로, 특별히 '쇼나이 논어'[11]라고 부릅니다.

[황혼의 사무라이] 논어를 외는 카야노를 보고 놀라는 이구치 세에베.

위 장면을 설명하기 위해 앞선 서론이 다소 길어졌습니다만, '황혼의 사무라이' 초반에 주인공 이구치 세에베의 장녀 카야노가 아버지와 함께 곤충 상자를 만들며 논어를 음송

---

11 庄内論語(쇼나이·론고).

[12]하는 인상적인 장면이 등장합니다.

    영화 속 논어를 읽는 방식이 실제 쇼나이 지역의 독특한 쇼나이 논어와 정확히 일치한다는 점에서, 작품의 배경인 가상의 번, 우나사카번이 실은 쇼나이번을 모델로 하고 있음을 직접적으로 보여주는 또 하나의 상징적 장치라 하겠습니다.

---

12   素読(소·도쿠). 한문 학습 방법 중 하나로, 문자의 의미를 따로 해석하지 않고, 쓰인 그대로 반복해서 소리 내어 읽음으로써 문장을 효율적으로 암기할 수 있도록 하는 학습법.

 쇼나이번 교육의 중심지, 치도관 탐방기.

Episode. 16

사무라이의 결혼과 이혼, 누구의 허락이 필요했을까?

· 막부 또는 번의 허가가 필요했던 에도 시대 사무라이의 혼인
· 다른 신분 계층의 결혼은 불가능했는가?
· 이혼한 전처가 재혼한 후처를 습격했던 에도 시대 초기까지의 관행

Episode. 16
사무라이의 결혼과 이혼, 누구의 허락이 필요했을까?

막부 또는 번의 허가가 필요했던 에도 시대 사무라이의 혼인

'황혼의 사무라이'에서는 주인공 이구치 세에베이의 소꿉친구인 토모에가 1,200석의 부호 가문 출신인 코다 토요타로와 결혼했다가 이혼하는 이야기가 등장합니다. 토모에의 친정인 이이누마 가문 역시 400석의 높은 지위를 가진 가문이었지만, 그녀는 친정보다 무려 세 배나 부유한 가문으로 시집을 간 것이었습니다.

그렇다면 에도 시대 사무라이 가문의 혼인은 어떤 방식으로 이루어졌을까요?

에도 시대의 무사 가문은 혼인을 하려면 반드시 소속 번청[1]의 허가를 받아야만 했습니다. 번의 허가를 받은 순간, 결혼식을 올리지 않고 심지어 신랑 신부가 함께 살지 않은 채 수년이 지났더라도 공식적으로는 이미 부부로 인정되었습니다. 하지만 결혼식 이전에는 당사자들이 서로 만나거나 왕래하는 것조차 철저히 금지되었습니다.

에도 시대 초기에 해당하는 1623년의 법령에는 "국주나 성주로서 1만 석 이상을 보유한 다이묘, 측근 무사[2]와 분대장급 무사[3]는 사사로운 결혼을 금지한다"[4]고 명시되어 있습니다. 이는 1615년 7월의 무가제법도[5]에서 "사사로운 결혼을 금한다"[6]는 간단한 규정이 발표된 후, 8년 만에 훨씬 구체적으로 다듬어진 결과였습니다.

---

1 藩庁(한·쵸오). 에도 시대부터 메이지 초기에 걸쳐 번(藩)의 행정을 관할하는 관청을 의미.
2 近習(킨·쥬우).
3 物頭(모노·가시라).
4 国主城主一万石以上並に近習物頭は私不可結婚姻事.
5 武家諸法度(부케·쇼·핫토). 도쿠가와 막부가 전국의 다이묘를 통제하기 위해 제정한 법령.
6 私不可結婚姻事.

막부가 혼인을 이렇게 엄격히 규제한 이유는 정략결혼을 통한 다이묘들의 세력 결집이 에도 시대 초기 도쿠가와 막부의 불안정한 권력 기반을 위협할 가능성이 컸기 때문입니다. 따라서 막부는 다이묘들의 혼인 문제에 적극적으로 개입하여 엄격히 통제했습니다.

이러한 규제는 다이묘뿐 아니라 측근 무사들의 결혼에도 동일하게 적용되었습니다. 당시 무가 사회에서 혼인은 개인적인 행사라기보다는 가문과 가문 간의 정치적 동맹을 맺는 중요한 수단이었습니다. 특히 번주의 최측근 무사들은 군사적·정치적으로 큰 영향력을 가지고 있었기 때문에, 이들이 외부 가문과 연결되면 가문 간의 결속력이 강해지고, 이는 막부 내부 정치에 위협을 초래할 수 있었습니다.

다만, 1만 석 미만의 가문까지 막부가 일일이 혼인 관계를 관리하기는 어려웠기 때문에, 1만 석 미만의 무가에서는 자신이 속한 조직의 상관에게 혼인에 관한 내용을 신청하고 허가를 받는 구조였습니다. 그렇다면 막부가 아닌 전국의 번에서는 가신들의 혼인에 대해 어떤 방식으로 관여했을까요? 번마다 세부 규정에는 차이가 있었지만, 기본적인 틀은 도쿠가와 막부의 방식과 크게 다르지 않았습니다.

번에 직접 고용된 가신이 혼인을 맺을 때에도 마찬가지로 번청이나 번주의 허가가 필수적이었습니다.

따라서 영화 '황혼의 사무라이'에 등장하는 400석 이이누마 가문의 딸 토모에가 1,200석 코다 가문에 시집갈 때에도, 양 가문은 우나사카번 번주로부터 혼인 성사에 대한 공식 허가를 받았음을 알 수 있습니다. 또한, 신부 가문 입장에서 상향혼이 일반적인 시대상이었기 때문에, 1,200석의 코다 가문으로의 혼사는 매우 자연스러운 설정이라 할 수 있습니다.

[황혼의 사무라이] 이혼한 토모에를 찾아와 행패를 부리는 전 남편.

결혼이 정식 허가를 통해 성립되었던 만큼, 이혼 역시 당사자 마음대로 할 수 없는 것은 당연한 일이었습니다. 무가 사회에서의 이혼 또한 번주나 상급자의 허락을 받아야 했습니다.

에도 시대에는 이혼이 생각보다 흔히 일어났습니다. 당시는 가문의 대를 잇는 것이 무엇보다 중요했기 때문에 첩을 두는 것이 일반적이었고, 첩이 없더라도 혼인 후 2~3년이 지나도록 자식이 생기지 않으면 신부의 친정에서 "신부를 돌려보내도 무방하다"는 의사를 먼저 전달하는 것이 관례였습니다.

이처럼 양가의 이혼 협의가 일치되면, 번주나 상급자의 허가를 거쳐 부부 관계가 공식적으로 해소되었습니다. 이런 상황에서는 아내가 남편을 사랑하는지 여부는 중요하지 않았고, 이혼은 관례에 따라 그대로 진행되었습니다. 물론 이혼이 성립되면, 혼인 당시 아내 측에서 가져온 가구나 생활 도구, 지참금, 전답 등은 모두 원래대로 돌려주는 것이 원칙이었습니다.

술버릇이 좋지 않아 술만 마시면 토모에를 때리거나 발로 차는 등 폭행을 일삼던 코다 토요타로. 이를 참다 못한 토모에의 오빠이자, 이구치 세에베의 친구인 이이누마 신노죠는 그 사실을 번주에게 알렸고, 결국 번주의 명령에 따라 코다 가문이 원치 않던 이혼을 성사시킵니다.

이처럼 우나사카번에 직접 고용된 이이누마 가문과 코다 가문의 이혼에 번주가 영향력을 행사한 설정은, 실제 역사적 고증에 기반한 사실적인 연출로서 영화의 흐름을 한층 더 설득력 있게 만들어 줍니다.

다른 신분 계층의 결혼은 불가능했는가?

에도 시대의 신분 제도는 엄격했지만, 그 안에서도 일정한 융통성이 존재했습니다. 무가 사회에서 혼인은 기본적으로 사족[7] 계급끼리의 동격혼이 원칙이었기 때문에, 사족 가문이 비사족 가문과 결혼하는 것은 엄격히 금지되어 있었습니다.

---

7 士分(시분).

여기서 말하는 사족이란, 막부나 번으로부터 공식적으로 무사 신분으로 인정받은 자를 뜻합니다. 이들은 녹봉을 받고, 두 자루의 칼을 차며 하카마袴를 입을 수 있는 권리를 지녔을 뿐만 아니라, 백성과는 다른 재판 절차와 법적 특권이 보장된 존재였습니다.

[숨겨진 검 오니노츠메] 백성 출신 키에에게 고백하는 주인공.

전쟁이 발생하면 참전이 요구되던 말단 보병이나 상급 병사 역시 무사 계급에는 포함되었지만, 사족으로는 분류되지 않았습니다. 상급 병사의 경우, 사족과 유사한 무장을 갖추고 일부 봉록을 받으며, 사족으로 승격될 가능성을 갖고 있었습니다.

한편, 많은 부를 축적한 상인 가문과 혼인하고 싶어도, 사족이 상인 가문의 딸과 정상적으로 결혼하는 것은 불가능했습니다. 이러한 경우에는 상인의 딸을 격이 낮은 사족 가문의 양녀로 입적시킨 후, 사족 간의 혼인으로 가장해 결혼을 성사시키는 편법이 사용되기도 했습니다.

'숨겨진 검 오니노츠메'의 마지막 장면에서도 이러한 신분제도의 긴장이 드러납니다. 주인공 카타기리 무네조는 홋카이도로 향하는 길에, 자신의 집에서 하녀로 일하던 백성 출신 키에의 고향을 찾아가 마음을 고백합니다. 그는 "키에와 함께라면 어떤 고난도 견뎌낼 수 있다"며 부부의 인연을 맺자고 청혼합니다.

카타기리 무네조는 우나사카번에서 녹봉을 받는 사족 신분의 무사이고, 키에는 농촌 출신의 평민이었기 때문에 원래는 혼인할 수 없는 관계입니다. 그러나 무네조가 녹봉을 반납하고 사족의 신분을 내려놓음으로써, 이 두 사람의 혼인은 법적으로 아무런 문제가 없게 됩니다.

짧은 대사 한 줄에 불과하지만, 무네조가 무사직을 그만

뒀다는 설정이 없었다면 이 장면은 단순한 러브라인으로 보일 수 있었을 것입니다. 이처럼 작은 디테일조차 놓치지 않는 점이 바로 시대극 3부작의 진정한 매력이라 할 수 있습니다.

이혼한 전처가 재혼한 후처를 습격했던 에도 시대 초기까지의 관행

일본에는 헤이안 시대부터 에도 시대 초기에 걸쳐 '후처 습격'[8]이라는 독특한 풍습이 존재했습니다. 이는 남편이 본처와 이혼한 뒤 1개월 이내에 새로운 아내를 맞이했을 때, 미리 예고한 뒤 전처가 후처의 집을 집단적으로 습격하던 행위를 가리킵니다.

후처 습격, 즉 '우와나리 우치'에서 우와나리[9]는 본처가 아닌 정실 외의 처 또는 재혼한 후처를 지칭하는 말로, 일본 고유의 오래된 표현입니다. 일본에서 가장 오래된 역사서인

---

8 後妻打ち(우와나리·우치).
9 うわなり.

고사기[10]에도 이 단어가 등장할 정도로 유서 깊은 용어입니다.

나라 시대[11]에는 일부다처제가 통용되었기 때문에 우와나리는 첩을 뜻했지만, 헤이안 시대[12] 중기 이후에는 재혼한 후처 또한 우와나리로 불리게 되었습니다.

후처 습격은 단순한 감정적 충돌이 아니라, 정해진 절차와 예식을 따르는 반의례적 행위였습니다. 전처 측 여성들이 사자를 통해 후처 측에 사전 통보를 하고, 사자는 "○월 ○일, 정당한 방식으로 찾아갈 예정이니 각오하시라"는 내용의 경고를 전달합니다. 사자는 남성이 담당했고, 후처 습격 과정에서 남성이 관여하는 역할은 더 이상 없었습니다.

실제 습격일이 되면, 전처 측은 신분에 따라 적절한 인원을 조직하고, 죽도, 빗자루, 주걱 등 살상력이 없는 생활용품을 무기로 삼아 후처의 집으로 돌진합니다. 대개 부엌을 통해 난입해, 후처 측에서 역시 준비해둔 여성들과 맞고 때리는 상징적 몸싸움을 벌입니다. 일정 시간이 지나면 양측의

---

10 古事記(코·지키). 712년 완성.
11 奈良時代. 710년~794년.
12 平安時代. 794년~1185년.

중재자나 시녀들이 등장해 싸움을 말리고, 서로를 진정시킨 뒤 철수함으로써 일련의 의식이 종료됩니다.

이 풍습은 단순한 질투의 표출이 아니라, 전처 측 여성의 분노와 체면을 공개적으로 드러내고 정리하는 장치이자,

후처 습격을 표현한 작품. 우타가와 히로시게 작. (往古うはなり打の図).

후처 측에 대한 상징적 경고였던 셈입니다. 혼인이라는 제도를 둘러싼 여성들 사이의 위계와 감정의 공식적 충돌이기도 했습니다.

이러한 관습의 가장 오래된 문헌 기록은 권기[13]라는 일

---
13 権記(곤키). 헤이안 시대 중기의 고관, 후지와라 유키나리(藤原行成)가 기록한 일기로, 991년부터 1011년까지 내용이 전해지고 있음.

기의 1010년 2월 18일 자에 나오는 내용으로, 한 제사장의 전처가 하녀 30명을 이끌고 후처의 거처를 습격해 재산을 파손한 일이 전해집니다.

어당관백기[14]라는 문헌의 1012년 2월 25일자 일기를 보면, 동일한 여성이 2년 후 또다시 후처 습격을 감행했다는 내용이 등장합니다. 이러한 풍습은 귀족 사회의 관습에만 국한되지는 않았습니다. 예를 들어 전국시대인 1570년경, 나베시마 나오시게[15]의 저택에 그의 전처가 수차례 방문해 후처 습격을 감행했으나, 후처의 침착한 설득으로 철수했다는 기록이 남아 있습니다.

이렇듯 후처 습격은 신분과 계층을 초월하여 귀족, 무가, 서민 사회 전반에서 행해졌던 풍속이었지만, 에도 시대 초기에 접어들며 점차 자취를 감추게 됩니다. 이는 중앙 집권적 사회 질서의 정비, 그리고 여성의 사회적 행동 범위가 축소된 것과도 관련이 있습니다

14　御堂関白記(미도오·칸파쿠·키). 헤이안 시대 중기의 고관, 후지와라 미치나가(藤原道長)가 998년~1021년까지 일상을 기록한 일기.
15　鍋島直茂(1538~1618). 전국시대 무장.

이 풍습은 지금의 기준으로는 낯설고 폭력적으로 보일 수 있지만, 당시 여성들이 자신들의 입장과 감정을 사회적으로 표현할 수 있는 몇 안 되는 공식적인 방식 중 하나였다고 볼 수 있습니다.

Episode. 17

사무라이 품 속의 종이, 무엇에 쓰는 물건인가?

· 일본인의 일상에 깃든 '회지'의 쓰임
· 에도 시대 종이 대중화의 비밀, 자원 재활용

Episode. 17

사무라이 품 속의 종이, 무엇에 쓰는 물건인가?

일본인의 일상에 깃든 '회지'의 쓰임

'황혼의 사무라이', '숨겨진 검 오니노츠메', '무사의 체통' 등 시대극 3부작은 물론 일본 시대극을 보면 사무라이들이 품 안에 종이를 지니고 다니는 장면을 쉽게 볼 수 있습니다. 이 종이를 '회지'[1]라고 하는데, 어떤 용도로 사용되었을까요?

회지는 이름 그대로 품 안에 넣고 휴대하기 좋게 두 번

---
1 懷紙('카이·시' 또는 '후토코로·가미').

접은 일본 전통 종이[2] 다발을 뜻합니다. 회지의 역사는 종이가 귀했던 헤이안 시대로 거슬러 올라갑니다. 당시 귀족들은 품격을 유지하기 위한 필수품으로 항상 회지를 품에 넣고 다니며 일상에서 다양하게 활용했습니다. 현대의 손수건이나 휴지, 메모지나 편지지 같은 역할을 했던 셈입니다.

[황혼의 사무라이] 코다 토요타로와 결투 중인 이구치 세에베. 품 속에 회지가 꽂혀 있는 것이 포인트.

에도 시대의 사무라이도 귀족과 비슷하게 회지를 지니고 다녔습니다. 영화나 드라마에서는 칼로 상대를 벤 후 회지로 칼에 묻은 피를 닦는 장면이 자주 등장하는데요. 이는 칼에 묻은 피나 지방 성분을 제거하지 않고 그대로 칼집에 넣으면 내부에 이물질이 달라붙기 때문에, 임시로 회지를 사용해 닦아낸 것입니다.

---

2 和紙(와시).

에도 시대 후기로 갈수록 일반 서민들도 일상에서 회지를 사용하게 되었고, 메이지 유신 이후에는 여성들이 혼례 준비 과정에서 다도를 배우면서 회지 사용이 더욱 보편화되었습니다.

특히 다도에서는 손님에게 과자를 낼 때 회지 사용이 필수적이었기에 메이지 시대 여성들은 전통 의상뿐만 아니라 양장을 입었을 때도 핸드백 속에 회지를 휴대하는 경우가 많았습니다. 그러나 여성의 사회 진출 증가로 다도 인구가 줄면서 회지도 자연스레 일상에서 잘 쓰이지 않게 되었습니다.

다도회에서 과자를 올려 놓는 용도로 사용되는 회지.
종이가 접힌 부분을 손님 쪽으로 향하도록 하는 것이 규칙이다.

오늘날 회지를 가장 흔히 접할 수 있는 곳은 다도회입니다. 다도회에서는 과자를 올리거나, 말차를 마신 후 찻잔을 닦거나, 남은 과자를 싸가는 등 다양한 용도로 회지를 활용하고 있습니다. 위 사진은 제가 2025년 4월, 야마구치현 하기시 山口県 萩市 를 방문했을 때, 우연히 초대받아 참석한 다도회에서 찍은 것입니다. 잘 포장된 과자임에도 불구하고 회지 위에 올려 손님께 내는 형식이 인상적이었는데요. 접시 대신 회지를 사용한 예라고 볼 수 있습니다.

에도 시대 종이 대중화의 비밀, 자원 재활용

에도 시대 후기, 일본을 방문한 서양인들은 일본인들의 일상적인 종이 사용량에 크게 놀랐습니다. 1865년 일본을 방문해 '슐리만 여행기, 청나라와 일본'[3]을 저술한 독일 출신 고고학자 '하인리히 슐리만'[4] 은, 유럽에서는 코를 풀 때 손수건을 사용하는 반면, 일본인들이 종이로 코를 풀고 곧바로 버리는 모습을 보고 깊은 인상을 받았다고 기록하고 있습니

---
3 La Chine et le Japon au temps present.
4 Johann Ludwig Heinrich Julius Schlieman, 1822~1890.

다.

에도 시대에도 여전히 종이는 귀한 물품이었지만, 후기에는 서민들까지도 일회용으로 종이를 쓰고 버릴 만큼 종이의 대중화가 이루어졌습니다. 그렇다면 이러한 변화는 어떻게 가능했을까요?

에도는 '재활용의 도시'로 불릴 만큼 다양한 물자가 생산되고 소비되는 경제적 중심지였습니다. 당시 일본인들이 현대적 의미에서 환경 보호나 자원 재활용을 염두에 두었던 것은 아니었습니다. 그러나 자원은 늘 부족했고, 인건비는 저렴했으며, 문화의 발달로 인해 지속적인 자원 수요가 존재했기에 자연스럽게 폐품을 회수하고 재활용하는 시스템이 정비될 수 있었습니다.

1721년 인구 조사에 따르면, 에도 시내에는 서민층만 기준으로 남성 32만 3,285명, 여성 17만 8,109명이 거주하고 있었습니다. 한편, 막부 직속 가신과 참근교대로 인해 일본 각지에서 몰려든 무사 계급의 인구는 정확한 집계가 이루어지지 않았습니다. 이는 2년마다 에도와 본국을 오가는 인구가 많았을 뿐 아니라, 각 번藩의 에도 저택에 얼마나 많은 사무라이가 상주하는지에 대한 정보 자체가 일종의 기밀로 취급되었기 때문입니다.

그러나 일반적으로 에도의 무사 계급 인구가 서민층보다 적지 않았던 것으로 추정됩니다. 이에 따라 약 50만 명으로 추산되는 서민 인구에 비슷한 규모의 무사 계급 인구를 더해, 에도는 흔히 '100만 인구의 도시'로 불리고 있습니다. 심지어 일부에서는 '에도 200만 명 설'이나 '300만 명 설'까지 제기되는데, 이는 무사 계급과 그 가족, 수행인원까지 포함해 인구를 어떻게 추정하느냐에 따라 결과가 크게 달라지기 때문입니다.

에도의 경제적 활력을 보여주는 지표 중 하나가 바로 발달된 재활용 산업입니다. 1723년 기록에 따르면, 에도 시내에서 전당포, 헌 옷, 중고 가재도구, 고철 등을 다루는 재활용 관련 업자 수는 10,839명에 달했습니다. 이는 약 50만 명의 서민 인구 가운데 2%에 해당하는 수치로, 당시로서는 상당히 높은 비율입니다. 비교를 위해 현대 한국 사회를 살펴보면, 2021년 기준 '자원순환 관리' 분야 종사자는 13만

5,822명[5]으로 전체 인구 대비 약 0.2%[6]에 불과합니다. 물론 단순 비교는 어렵지만, 에도 시대가 현대보다 10배나 높은 비율로 자원 재활용 인력이 활동하고 있었던 셈입니다.

1723년 기준, 재활용 업종 중에서는 고철 수집상이 1,116명, 고철 판매상이 793명으로 전체 업자의 약 18%를 차지했습니다. 특히 고철 수집상들은 단순히 금속만 취급한 것이 아니라, 폐지 수집도 함께하는 경우가 많아 자원 회수 전반에 걸쳐 중요한 역할을 담당했습니다.

에도 시대의 종이는 매우 다양한 용도로 사용되었습니다. 책과 문서 제작은 물론, 일상생활에서는 코를 풀거나 간단한 세척용으로 사용된 후 바로 폐기되기도 했습니다. 화장실에서는 현대적인 휴지 대신 종이가 사용되었고, 유리가 귀하던 시절에는 창문이나 장지문에 종이를 붙여 채광과 단열, 외부 시선 차단의 역할을 겸했습니다. 이러한 용도 덕분에 종이의 소비량은 자연스럽게 많을 수밖에 없었고, 그에 따라 폐지의 발생도 상당했습니다.

---

5 2021년 기준 환경산업 통계조사. 환경부·한국환경산업협회.
6 2021년 기준 대한민국 인구수는 51,638,809명.

특히 에도 시대 중기 이후에는 무사 계급의 귀족 문화와 서민 문화가 함께 발전하면서, 지배층과 피지배층을 막론하고 문해율이 세계에서 가장 높은 수준에 이르렀던 것으로 추정됩니다. 이러한 배경 속에서 책에 대한 수요도 폭발적으로 증가하기 시작했습니다. 예를 들어, 1727년경에는 에도에서만 150종의 서적이 출판되었는데, 1810년경에는 연간 470종에 이르러, 불과 100년이 채 되지 않는 사이에 출판 시장 규모가 세 배 이상 성장했음을 보여줍니다.

책 종류	연도		
	1670년	1685년	1685년
불교 서적	44.3 %	42.0 %	38.9 %
학술 서적	22.8 %	20.7 %	20.5 %
의학 서적	6.4 %	6.8 %	6.3 %
서민 대상 문예 서적	26.4 %	30.5 %	34.3 %

에도 시대 초기 출판물의 변화.
[출처] 一目でわかる江戸時代.

위 표는 1670년부터 1692년까지, 에도 시대 초기의 출판물 변화를 나타낸 것입니다. 이 시기를 보면 불교 서적의 비율은 점차 감소하는 반면, 서민을 대상으로 한 문예 서적[7]의 비중은 꾸준히 증가하고 있습니다. 이는 당대의 독서 문화가 점차 종교적 경전에서 서민들의 일상적인 오락과 교양을 위한 콘텐츠로 옮겨가고 있었음을 보여주는 대표적인 사례라 할 수 있습니다.

앞서 말씀드린 것처럼, 에도 시대에도 종이는 여전히 귀한 자원으로 취급되었고, 책 값 역시 매우 비쌌습니다. 따라서 에도의 서민들은 물론, 참근교대를 위해 에도로 올라온 사무라이들까지도 책을 구매하기보다는 주로 책 대여점[8]을 이용하곤 했습니다. 1808년 기준으로 에도 시내에는 무려 656곳의 책 대여점이 성업 중이었으며, 급증하는 출판 수요를 충족하기 위해서는 막대한 양의 종이가 필요했습니다.

이처럼 방대한 종이 수요를 뒷받침할 수 있었던 것은 다름 아닌, 폐지를 사들여 유통하던 폐지상[9]과 거리 곳곳에서 폐지를 주워 모으던 넝마주이[10]들의 역할 덕분이었습니다.

---

7 仮名草子(카나·조오시). 에도 시대 초기 약 80년 동안 가나 문자 또는 한자와 가나가 혼용된 형태로 저술된 산문, 문예 작품의 총칭.
8 貸本屋(카시·홍·야).
9 紙屑買い(카미·쿠즈·가이).
10 紙屑拾い(카미·쿠즈·히로이).

이들은 도시 곳곳을 누비며 헌 종이를 수집하고 유통하며, 에도의 활발한 출판 문화와 자원 순환 경제를 떠받치는 중요한 축을 담당했습니다.

폐지를 줍는 넝마주이에게 돌을 던지는 아이들.
Japan in Days of Yore (Walter Dening, 1887) 삽화.

넝마주이들이 수거해 온 폐지는 중매상[11]을 거쳐 재생지 제작[12] 업자들에게 전달되었습니다. 이렇게 재생된 저렴한 종이는 서민층을 위한 서적 인쇄용지는 물론, 회지懷紙처럼 다양한 일상 용도로 널리 활용되었습니다.

재생 종이를 만들기 위해서는 기존 종이를 물에 담가 불리고 깨끗이 씻은 뒤, 삶아내는 과정이 필요했습니다. 이처

---
11 立て場(타테·바).
12 漉き返し(스키·카에시).

럼 물 사용량이 많은 공정 특성상, 물이 풍부했던 지금의 도쿄 아사쿠사浅草와 산야山谷 인근에 재생 종이 생산업자들이 밀집하게 되었습니다. 오늘날까지도 질 낮은 재생 종이를 '아사쿠사 종이'[13]라고 부르는 것은 바로 이러한 역사적 배경에서 비롯된 것입니다.

이러한 값싼 재생 종이는 당시 에도의 서민들도 어렵지 않게 구입할 수 있을 정도로 저렴했습니다. A4 용지보다 약간 큰 크기의 반지半紙 20장 한 묶음이 15~20문文에 거래되었는데, 이는 소바 한 그릇 가격 약 16문과 비슷한 수준이었습니다. 다시 말해, 간단한 식사 한 끼 가격으로 20장의 재생 종이를 살 수 있었던 셈입니다. 이를 오늘날의 화폐 가치로 환산해 보면, 소바 한 그릇 가격을 약 5,000원으로 가정할 때 재생 종이 한 장의 가격은 약 250원 정도로 추정할 수 있습니다.

에도 시대 중기 이후 서민 문화가 꽃피우기 시작하면서, 판화 예술과 타블로이드판 신문[14]의 활성화, 그리고 이 이야기의 출발점이었던 회지의 다양한 활용까지, 그 모든 배경에

---

13   浅草紙(아사쿠사·가미).
14   読売(요미·우리), 또는 瓦版(카와라·반).

는 바로 재생 종이 산업이 든든한 기반이 되어 주었던 것입니다.

Episode. 18

영화에 등장하는 작은 소품들도 지나치지 말자!

· 칼집에 꽂혀 있는 작은 단검
· 거꾸로 세워진 병풍의 의미

Episode. 18
영화에 등장하는 작은 소품들도 지나치지 말자!

칼집에 꽂혀 있는 작은 단검

'숨겨진 검 오니노츠메'서 주인공 카타기리 무네조는 마지막 장면에서 궁극의 검술인 '오니노츠메 鬼の爪'를 구사할 때, 손바닥과 손 안쪽으로 숨길 수 있을 정도로 작은 단검을 사용합니다.

이 작은 단검은 영화적 상상력에서 비롯된 것일까요, 아니면 실제로 존재했던 도구일까요? 이미 짐작하셨겠지만,

이 단검은 실재했던 도구로, 코즈카 小柄 라 불립니다. 코즈카는 일본도의 칼집에 장식 겸 실용 목적으로 끼워 넣는 작은 칼로, 원래는 나무를 깎거나 간단한 작업에 사용할 수 있도록 만들어졌습니다. 비록 소형 칼이지만 날이 서 있기 때문에, 긴급한 상황에서는 투척용 무기나 단검으로 사용되기도 했습니다.

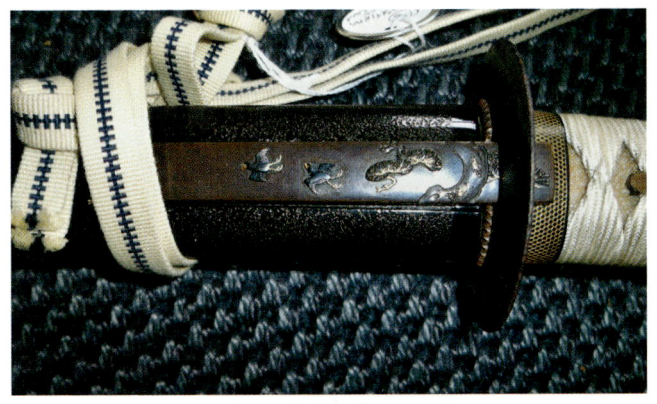

칼집에 수납되어 있는 코즈카.
[출처] 위키미디어 공용, 저작자: Samuraiantiqueworld, CC BY-SA 3.0.

그러나 평화로운 에도 시대에는 사무라이들이 칼을 뽑을 일조차 드물었고, 코즈카를 실전에서 사용할 일은 더더욱 없었습니다. 그 대신, 칼 장식 문화가 발달하면서 코즈카는 정교한 세공이 더해진 예술품으로 변모해갔습니다. 오늘날에는 일본도 日本刀 칼집에 함께 장착하는 보조 도구인 코오가이 笄 와 함께, 높은 예술적 가치를 지닌 장식품으로 평가받고 있습니다.

코오가이는 머리를 쓸어 올려 상투의 형태를 만들 때 사용하는 도구로, 머리를 정돈하거나 귀를 후비는 용도로도 활용되었습니다. 갑옷을 입은 사무라이가 몸 어딘가가 가려울 때 코오가이로 긁었다는 이야기도 전해집니다.

일본도의 코등이(상단)와 코오가이(중간), 코즈카(하단).
[출처] Tokyo Fuji Art Museum.

'황혼의 사무라이'의 마지막 결투 장면에서도 코오가이의 이러한 용도를 엿볼 수 있는데요. 이구치 세이베에와 결투를 앞둔 요고 젠에몬 余吾善右衛門 이 대화를 나누며 코오가이로 머리를 긁는 장면이 인상적으로 연출됩니다.

참고로, 칼을 허리에 찼을 때 기준으로 코오가이는 칼집 왼쪽, 코즈카는 오른쪽에 수납합니다. 칼집 양쪽에 비슷한 모양의 코오가이와 코즈카가 나란히 장식되어 있어, 위 사진에서 알 수 있듯이 동일한 디자인으로 제작되기도 했습니다. 그러나 모든 칼에 이 두 가지 보조 도구가 장착되어 있는 것은 아니며, 장식 여부와 기능성은 칼의 용도와 시대에 따라 달랐습니다.

[황혼의 사무라이] 코오가이로 머리를 긁고 있는 요고 젠에몬.

작지만 깊은 의미를 담고 있는 코즈카와 코오가이는, 오늘날에도 일본 전통 공예와 미술품 컬렉션에서 높은 역사적 가치와 예술적 가치를 지닌 작품으로 여겨지고 있습니다.

'숨겨진 검 오니노츠메'에서 적의 눈과 귀를 속여 한 순간에 적을 제거하는 비밀 병기로 등장한 코즈카, 그리고 '황혼의 사무라이'에서 결투를 앞둔 긴장된 순간, 상대와의 담담한 대화 속에서 무심히 머리를 긁는 동작으로 사용된 코오가이에 대해 살펴보았습니다.

[숨겨진 검 오니노츠메] 코즈카를 빼고 있는 주인공.

거꾸로 세워진 병풍의 의미

'무사의 체통' 초반부에는 독이 든 식재료가 다이묘의 식탁에까지 오르게 되는 사건이 벌어집니다. 이를 미처 걸러내지 못한 책임을 지고 주방 책임자 히구치 사쿠노스케樋口作之助가 자택에서 자결하는 장면이 등장하죠. 이 장면을 자세히 들여다보면, 병풍이 일반적인 방식과 달리 위아래가 거꾸로 펼쳐져 있는 모습이 보입니다. 일본에서는 이를 역병풍[1]이라고 부릅니다.

[무사의 체통] 주방 책임자, 히구치 사쿠노스케의 할복 장면.

일본 전통 장례에서는 고인의 가슴 위에 단도[2]를 올려

---
1 逆屏風(사카사·뵤오부).
2 守り刀(마모리·가타나).

놓거나, 머리맡에 병풍을 세우는 풍습이 있습니다. 단도는 고인이 저승길을 갈 때 악령을 물리치는 무기로, 병풍은 악령의 침입을 막는 벽으로 여겨집니다.

그렇다면 왜 병풍을 거꾸로 펼쳤을까요? 그 이유는 불교 장례의 기본 사상에서 비롯됩니다. 불교에서는 죽음을 '이 세상의 자연스러운 순리를 거스르는 일'로 봅니다.

그래서 장례를 치를 때는 의도적으로 일상의 질서와 반대되는 행위를 하며, 이를 역사[3]라고 부릅니다.

예를 들어, 수의를 입힐 때 평소와 달리 오른쪽을 먼저 여미고, 관을 운구할 때는 왼발부터 내딛으며, 향을 피우거나 종을 칠 때도 일반적인 방향과 반대로 합니다. 유품을 정리하거나 무덤 주변을 청소할 때도 왼손을 우선 사용하죠. 이러한 모든 행위는 '죽음은 삶과는 다른 세계로의 이탈'이라는 인식을 의도적으로 표현한 것입니다. 우리나라에도 이와 유사한 풍습이 있습니다.

역병풍 또한 이러한 역사의 일환으로, 원래는 민간 장례

---

[3] 逆事(사카사·고토).

에서 행해지던 풍습이 무가 사회로 퍼지면서, 사무라이와 그 가족이 자결을 준비할 때 따르는 엄숙한 예법으로 자리잡게 되었습니다. 일본 시대극에서 자주 등장하는 할복 장면 속 역병풍은, 이러한 역사적·문화적 배경을 이해하고 보면 더욱 의미 깊게 다가옵니다.

[참고 도서]

1. 영상커뮤니케이션과 기호학, 주형일, 패러다임북, 2021.
2. 사무라이의 넥타이, 이정남, 북 야부사메, 2022.
3. 山田洋二 X 藤沢正平, 吉村英夫, 大月書店, 2004.
4. 『隠し剣 鬼の爪』の人間像, 幸津國生, 花伝社, 2006.
5. 大江戸 武士の作法, 小和田哲夫, 株式会社 G.B., 2019.
6. 小さな藩の奇跡, 増川宏一, 角川ソフィア文庫, 2021.
7. 江戸の給与明細, 安藤雄一郎, MdN新書, 2022.
8. 江戸のヒット仕掛人, 檜山良昭, 東京新聞, 2022.
9. 三田村鳶魚 江戸生活辞典, 稲垣史生, 青蛙房, 2010.
10. 三田村鳶魚 江戸武家辞典, 稲垣史生, 青蛙房, 2012.
11. シリーズ藩物語 庄内藩, 本間勝喜, 現代書館, 2009.
12. 大江戸八百八町, 石川英輔 監修, 実業之日本社, 2004.
13. 図説大江戸, 小木新造, 実業之日本社, 1996.
14. 藤沢周平 映像の世界, 鶴岡市立藤沢周平記念館, 2017.
15. 歴史街道(2019.12), 歴史街道編集部, PHP研究所, 2019.
16. 歪められた江戸時代, 古川愛哲, MdN新書, 2021.
17. 参勤交代道中記-加賀藩史料を読む,
    忠田敏男, 平凡社, 1993.
18. 大江戸『懐』事情, 小林弘忠, 実業之日本社, 2003.

19. 新選組, 松浦玲, 実業之日本社, 1998.

20. 幕末通説のウソ, 日本史の謎検証委員会, 彩図社, 2019.

21. 刀の明治維新 帯刀は武士の特権か,

    尾脇秀和, 吉川弘文館, 2018

22. 刀狩り: 武器を封印した民衆, 藤木久志, 岩波新書, 2016

23. 大名屋敷、謎の生活, 安藤優一郎, PHP文庫, 2019.

24. 「起止録」解説,

    江森 一郎, 金沢大学教育学部紀要教育科学編, 2008

25. 骨は語る. 徳川将軍・大名家の人びと, 鈴木尚,

    東京大学出版会, 2017.

26. 城下町鶴岡, 大瀬欽哉, 庄内歴史調査会, 2018.

27. 図録 庄内の歴史と文化, 鶴岡市史編纂会, 1996

28. 藤沢周平が描いた庄内藩, 鶴岡市立藤沢周平記念館, 2022.

29. たそがれ清兵衛, 藤沢周平, 新潮文庫, 2001.

30. 一目でわかる江戸時代, 市川寛明 編集, 小学館 2004.

31. 日本の三大商人, 邦光史郎, 徳間文庫, 1989.

[다큐멘터리/영상]

1. NHK 다큐멘터리, タイムスクープハンター Season 2. かぶき者たちの夜, 2010.

2. NHK 다큐멘터리, タイムスクープハンター Season 3. 髪結い ちょんまげ騒動記, 2011.

3. NHK 다큐멘터리, タイムスクープハンター Season 3. 修羅場! 決戦の妻たち, 2011.

4. NHK 다큐멘터리, タイムスクープハンター Season 1. 加賀藩の大名飛脚, 2008.

5. NHK 다큐멘터리, タイムスクープハンター Season 4. 紙くずリサイクル激情, 2012.

6. NHK 다큐멘터리, その時歴史が動いた, 伊達政宗 百万石への挑戦, 2001.

7. 遺恨あり, テレビ朝日, 2011.

8. NHK 다큐멘터리, 歴史秘話ヒストリア. 山形の偉人 酒井玄蕃. 2019.

9. NHK 다큐멘터리, 歴史探偵. 写楽 大江戸のミステリー. 2021.

10. NHK 다큐멘터리, 歴史探偵. 江戸の仕事人たち. 2025.

11. 영화, たそがれ清兵衛, 2002 (松竹)

12. 영화, 隠し剣 鬼の爪, 2004 (松竹)

13. 영화, 武士の一分, 2006 (松竹)

[현지 답사 취재]

1. 후지사와 슈헤이 기념관. 藤沢周平記念館 (山形県 鶴岡市).

2. 치도박물관. 致道博物館 (山形県 鶴岡市).

3. 야마구치현 하기시. (山口県 萩市).

[웹페이지]

1. 読売新聞オンライン.

https://www.yomiuri.co.jp/pluralphoto/20221004-OYT1I50136/

2. withnews.

https://withnews.jp/article/f0211126000qq000000000000000W0bq10101qq000023897A

3. 農林水産省

https://www.maff.go.jp/j/heya/sodan/1808/01.html

https://www.maff.go.jp/j/keikaku/syokubunka/k_ryouri/search_menu/menu/dongarajiru_yamagata.html

4. 城びと

https://shirobito.jp/article/699

5. NHK首都圏ノビ

https://www.nhk.or.jp/shutoken/newsup/20230626b.html

6. 통계청

https://kostat.go.kr

7. 난바술협회

https://nanbajyutsu.jimdofree.com/

8. 山形県

https://www.pref.yamagata.jp/140033/shonaihama/r6kandaramatsuri.html

9. 한국폐기물협회

http://www.kwaste.or.kr/bbs/content.php?co_id=sub040104

[wikipedia] ナンバ歩き、ナンバ走り, 庄内竿, 棒鱈, うわなりうち, 懐紙, 小柄, 笄

아는 만큼 보이는 사무라이 시대극
야마다 요지 시대극에 숨은 에도 시대의 문화코드

초판 발행 | 2025년 7월 11일

지 은 이 | 이정남
펴 낸 이 | 사무라이 로망스
교   정 | ChatGPT 4o
삽   화 | ChatGPT 4o, 이예슬
펴 낸 곳 | Yomi Editions
출판 등록 | 2021년 8월 18일 제 2021-000171 호
디 자 인 | (주)미디어피앤피_유지연

ISBN 979-11-975641-9-2

이 책의 저작권은 지은이와 "Yomi Editions"가 소유합니다.
신저작권법에 의하여 한국 내에서 보호받는 저작물이므로 무단 전재와 복제를 금합니다.

* 문의 samurai-romance@naver.com